- **学术顾问**：

  白谦诚　吴　郁　吴洪林　毕一鸣　俞　虹

- **学术委员**（按姓名首字母为序）：

  卜晨光　杜晓红　高贵武　高国庆　高祥荣
  巩晓亮　胡黎娜　姜　燕　金重建　李洪岩
  李亚虹　李亚铭　林小榆　刘兴宇　刘秀梅
  罗　幸　马玉坤　邱　蔚　时统宇　孙　璐
  王　丽　王　婷　王宇红　魏　伟　杨小锋
  曾志华　赵娅军　周东华　朱晓彧

Research on Host Communication in China

中国主持传播研究

— 技术与人 —

高贵武　杜晓红 ◎ 主编

中国传媒大学出版社

目录

技术与人：新媒体时代的主持传播　　　　　　　　　　栏目主持　杜晓红

现实虚拟：技术发展与主持传播的人格进化　　　　　　高贵武　杨　航　/ 3

【特别策划】技术与人：人工智能带来的机遇与挑战　栏目主持　曾志华

巨变的时代应该教会学生自主学习的能力　　　　　　　　　　　于　飞　/ 19
体验式传媒应用给我们带来关于社会、政治等议题的更多思考　John Pavlik / 21
裂变传播：阿基米德的"广播+传统实业"融合实践　　　　　　王海滨　/ 23
我们需要专业的播音员、职业的主持人　　　　　　　　　　　张树荣　/ 27
自由与多元、无序与规则——新媒介时代下的有声语言艺术　　曾志华　/ 29

主持传播与播音主持教学研究　　　　　　　　　　　　栏目主持　金重建

新媒体时代播音主持传播的"教"与"研"　　　　　　　　　　杜晓红　/ 37
新媒体时代的播音主持即兴口语教学　　　　　　　　　　　姜　燕　余　超　/ 44
提升审美品位　夯实专业基础
　　——播音主持基本功教学的美学阐释　　　　　　　　　范　藻　/ 58
媒介融合背景下播音与主持艺术专业人才培养的教学改革　肖　潇　安龙飞　/ 68

主持传播跨学科研究 栏目主持 魏 伟

现象学视域下体育主持人的媒介素养研究　　　　　　　　　　　魏　伟 / 79
存在·变革·回归：节目主持空间转向研究　　　　　　　　　　　李　强 / 89
新媒介技术嵌入"身体"实践：理解主持传播的智能主体　薛　翔　杨　航 / 104

播音主持史论研究 栏目主持 胡黎娜

融媒体时代播音主持创作价值论　　　　　　　　　　　　　　　金重建 / 113
技术与人：新媒体时代的主持传播
　　——第二届中国主持传播论坛（2018）综述　　　　　李　晶　卜晨光 / 128

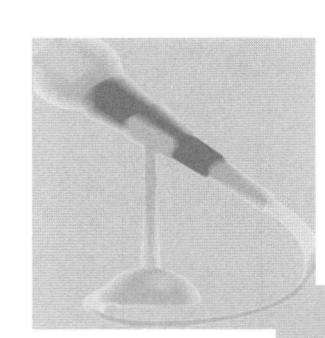

技术与人：新媒体时代的主持传播

栏目主持：杜晓红

现实虚拟：技术发展与主持传播的人格进化

◎ 高贵武　杨　航*

摘要：在媒介技术发展和媒介融合大潮的推动下，除了先前已有的虚拟主持人，由人工智能技术合成的 AI 主播和人工智能机器主持人开始快速进入主持传播者的行列，使主持传播中的虚拟人格不断增多。本文认为，主持传播的虚拟人格并不是对其真实人格的颠覆。在主持传播从"真人秀"到"机器人秀"的发展历程中，技术始终扮演着重要的角色，它不仅作为主持传播人格化的基础和保障而存在，而且通过不断检验和淘汰的方式促使主持传播的人格向着更人性、更完善的方向进化。

关键词：虚拟主持人　技术发展　主持传播　人格化

2018年11月，新华社在第五届世界互联网大会上发布全球首个合成新闻主播——"AI合成主播"，运用最新人工智能技术，"克隆"出与真人主播拥有同样播报能力的"分身"，在新闻领域开创了实时音视频与AI真人形象合成的先河。[①]而早在2000年4月，英国报业联合会媒体公司在网络上推出了世界上首位虚拟主持人安娜诺娃（Ananova）；随后，日本又推出了虚拟主持人寺井有纪（Yuki）、美国推出了薇薇安（Vivian）、韩国推出了露西雅（Lusia），而中国首位虚拟电视节目主持人是天津电视台《科技新闻》的言东方，《930新闻直播间》的"小雪"则是我国广播界推出的第一位虚拟主持人。[②]虚拟主持人或人工智能合成主播的出现并受到关注和欢迎是否意味着以人格化、真实、平民化为基本特征的主持传播的根基会发生动摇？虚拟主持人的虚拟人格是否能够取代真正主持人的人格？本文将循着主持传播诞生与发展的轨迹来为此寻找答案。

---

* 高贵武，中国人民大学新闻学院教授、博导，视听传播系主任。杨航，中国人民大学新闻学院2018级硕士研究生。

① 腾讯科技. 全球首个"AI合成主播"在新华社上岗[EB/OL]．（2018-11-07）[2019-03-10]. http://tech.qq.com/a/20181107/013284.htm.

② 叶昌前. 面对机器人主播——人工智能时代的主持人将向何方[J]. 南方电视学刊, 2018(01)：14-18.

一、人格化是主持传播的本质与关键

主持传播，即以播音员、主持人、出镜记者等人格化传播者作为传播主体而实施传播行为的一种传播样态，实际上它是一种在大众传播中实现了传播主体的人格化，并在传播过程中体现出人际性特点的大众传播方式，其中的人格化、人际性及大众传播是构成主持传播的关键，亦是主持传播的特点和优势所在。① 从人类传播的历史发展来看，在传播中突出和实现传播主体的人格化，或者说主持传播的诞生要远晚于其他类型的大众传播，特别是要晚于以大规模复制为特征的印刷传播。只有当印刷机等现代化机械被广泛运用于大众传播媒介（报纸）之后，人类社会才进入了真正的大众传播时代，而只有当传播技术进一步发展到可以将传播者的"音容笑貌"通过电波再次"还原"到受传者的耳畔和眼前，营造出一定的"面对面"交流场景时，传播主体才能在一定程度以某种"拟人际化"的方式呈现在传播当中，而这也正是主持传播得以存在的基础。②

（一）传播技术的发展使主持传播的诞生成为可能

以技术决定论闻名的加拿大著名传播学者麦克卢汉有句名言："媒介即讯息"，它直截了当地指出了媒介本身在传播中的意义。根据麦克卢汉的观点，只有在有了某种媒介之后，人类才有可能从事与之相适应的传播和其他社会活动。因此，在大众传播的历史发展中，只有具备了一定的历史条件（媒介技术），即前面所说的"还原"传播者的音容笑貌、实现传者与受者"面对面"的交流，主持传播者的真实人格才能呈现在大众传播的传受关系当中，主持传播也才可能出现并走上发展之路。从主持传播的诞生和发展实践来看，技术无疑在其中扮演了重要的角色。正是在技术不断发展的推动下，主持传播才能够显现其特殊的传播特性，才能为大众传播活动赋予鲜明的人际化特色。换句话说，"没有电子媒介，就没有主持人角色"。③ 因此，从主持传播本身的发展来看，其特点和优势的体现不仅

---

① 高贵武. 主持传播学概论：第 2 版 [M]. 北京：北京大学出版社，2019：02.
② 高贵武. 生还是死：技术变革视野下的主持传播 [J]. 中国主持传播研究，2018（1）：6-13.
③ 高贵武. 主持传播学概论：第 2 版 [M]. 北京：北京大学出版社，2019：40.

离不开技术的支持,技术变革甚至成了主持传播不断发展和进化的重要支撑。①

（二）技术推动为主持传播的人格化提供了保障

随着媒介技术的不断发展革新,主持传播从原来非人格化的大众传播模式逐渐向融入人际传播特性的传播模式转变。主持传播取人际传播之长,补大众传播之短,进而营造出"拟态"人际传播的氛围。而拟态人际传播及主持传播主体的人格化特征则使受众在接受传媒提供的信息和服务的同时,感觉自己面对的不再是冷冰冰的媒体,而是活生生的、可亲、可近、可信赖的,与自己"相同"的人。这样大众传媒便仿佛具有了人情味,受众也似乎能从中体味到交流与沟通的快乐了。②

主持传播的人格化不是与生俱来的,这一点在中国媒体节目主持人发展的历程中也可以得到印证。在中国,从播音员到主持人曾经走了很长的一段路,从主持人到网络主播同样走过了很长的一段路。中央电视台主持人敬一丹在谈到主持人和播音员的区别时说:"播音员更像是一个转述者,失去独立思考和个性化的表述,而主持人是以一种近距离、活生生、个性化的方式和受众交流。主持人的出现就是为了让电视更接近人,尽量实现人与人的交流。"③传统媒体中的主持人在人格化的突显方面较之播音员已有了很大发展,网络主播及新媒体主持人又通过媒体技术发展所提供的实时互动等手段进一步突显了传播者的人格化特色,使主持传播在"人际化"发展的道路上迈出了更大的步伐。

（二）人格化既是主持传播的本质特征,也是它的魅力所在

1. 真实与平民化的人格是主持传播存在的基础,也是主持传播发挥效果的前提

施拉姆曾说:"传播是各种各样技能中最富人性的。"④而主持人的传播活动无疑是大众传播活动中最具人性的。在大众传播活动中,由于其"拟态"人际传播的特点,使传播者和受众在地位和人格上都具有了平等的、人际传播的色彩,在传播过程中的传受双方可以实现一定程度的面对面交流,这使得主持人和受众之间

---

① 高贵武. 生还是死:技术变革视野下的主持传播 [J]. 中国主持传播研究, 2018（1）: 6-13.
② 东亚. 主持人:在文化超越的背后 [J]. 现代传播 – 北京广播学院学报, 1996（2）: 55-58.
③ 张安安. 主持人:大众传播中的人际交流 [J]. 社会科学论坛（学术研究卷）, 2008（5）: 142-146.
④ 施拉姆, 波特. 传播学概论 [M]. 北京:新华出版社, 1984: 04.

的关系也在某种程度上成了人际传播关系的一种扩大化。因为这种人际化的传播特点,对于主持传播的主体来说,在传播活动中不断放大其"主体人"的定位,在主持传播实践中采取平民视角,以真实、自然的传者主体人格出现就成了其存在基础,也是其成功的关键。只有主持传播主体以真实的人格出现,才能真正在传播中与受众建立起"人与人""面对面"的交往关系,才能拉近传者和受众之间的距离,也才能真正提升其传播效果。正如吴郁教授所言,"主持人节目由于人格化传播而具有很强的感染力和引导作用"。①

2. 拒绝角色扮演或表演是主持传播人格化的基本前提

由于真实的人格是主持传播存在的基础和发挥效果的前提,与之相悖的角色表演和虚假人格从主持传播诞生之初便遭到了学界和业界的质疑和批判。如针对主持人在主持过程中是否存在"表演"的争论,学者壮春雨在《论电视主持人的非角色表演》一文中明确指出:电视主持人不是演员,不是塑造角色,但节目主持人需要借鉴表演。电视节目主持人作为非角色表演,在总体上讲,是宜敛不宜纵,应控制表演分寸。②

著名主持人、评论员白岩松在2000年参加"全国广播电视跨世纪人才充电班"时一再表示:主持人不是演员,所以主持人绝不能在观众面前表演。其实有时候老百姓对主持人的最高期望,就是希望你能够真实一点,自然一点。站在荧屏面前必须是你自己,是一个人。因为这个时代已经不是表演的时代,而是崇尚自然的时代。③

美国电影学者詹姆斯·辛德曼也在《电视表演》中指出,"电视往往并不要求表演者去发展一个不相联系的人物或角色。作为一种信息和娱乐媒介,很多电视布局要求的是'个性'而不是演员。一位有个性的表演者也许是个谈话节目主持人,一个新闻播音员,一个叙述人、讲演者,一个供人娱乐的人……个性表演者给人的印象是他们在摄像机上下是一个样儿,他们不是在塑造角色而是在表现真正的自我。"④

---

① 吴郁. 当代广播电视播音主持:第2版[M]. 上海:复旦大学出版社,2008.
② 壮春雨. 试论电视节目主持人[J]. 新闻广播电视研究,1980(5):17.
③ 白岩松沪上传经:主持人绝不是演员[EB/OL].(2000-05-28)[2019-03-10]. http://ent.sina.com.cn/start/old/2349.html.
④ 辛德曼,等. 电视表演[M]. 纪令仪,译. 济南:山东文艺出版社,1991:153.

二、技术发展使主持传播的虚拟人格得以实现

就在学界、业界对在主持传播实践中要保持传播主体人格的真实性和实在性基本达成一致之时,随着媒体技术的发展进步,虚拟主持人与AI主播这些在真实世界里并无实体人格存在的传播者又走入了主持传播的实践领地。起初,虚拟主持人还只是存在于二维的互联网里,依托动画形象和对真实传播主体的模拟来进行播音和主持。随着AR和VR技术的发展,具有虚拟人格的人工智能主持人开始真正走上台前。伴随着大数据、云计算、物联网等技术的急速发展与应用,人工智能(Artificial Intelligence)已经渗透到社会的各个领域。相比于人类,人工智能主持人拥有更强大的储存和计算能力,在相对简单、程式化的主持环节中,人工智能已经开始崭露头角,甚至在某些方面大有取代人类主持人之势。

(一)技术发展创造了主持传播的虚拟人格

如果说以安娜诺娃等虚拟主持人为代表的早期虚拟主持人与真正的人格化传播主体尚相距甚远,还停留在只能依照既定程度来从事简单的信息播报工作的话,由人工智能技术合成的人工智能主持人作为类传播主体在一定程度上则越来越接近于人的形象,具备了与受众进行某些交流的互动能力,已经算是具备了某些人际性的传播特征。可以说,媒介技术已凭着先进的手段创造出了现实生活中并不存在的、并非真实的主持传播人格主体,为主持传播重新创造了一个又一个虚拟的人格。

主持传播中虚拟人格的出现首先要归功于技术发展中的三维虚拟影像技术,正是由于有了此项技术的发展,才使得在现实中并不存在的虚拟形象以一种人造传播主体的方式出现在受众的"面前"。三维虚拟影像技术目前包括两类:一类是虚拟现实+裸眼3D全息投影技术;另一类是增强现实(Augmented Reality)技术。全息投影技术主要包括素材采集、模型构建、动作捕捉、虚拟合成和全息输出这五个主要环节。3D全息投影技术通过不同数量的投影机把真实影像或事先经过精心制作并具有立体效果的数字影像均匀对称地投射在成像膜上(这种成像膜是一种透明的超薄膜),经过光的衍射和折射,再现三维影像。增强现实(Augmented

Reality）技术就是通过将虚拟仿真系统产生的图像信息合成到真实环境中，使虚拟与现实有机融合。一个完整的增强现实系统是由一组紧密联结、实时工作的硬件部件与相关的软件系统协同实现的。主要包括人脸建模、动作调试、图像识别标记和计算机综合系统合成四部分。①

三维虚拟影像技术和增强现实（Augmented Reality）技术的发展使得人造传播主体，即主持传播的虚拟人格得以创造出来并逐渐朝着"类人化"的趋势不断发展。尽管受制于某些技术发展水平，受众目前所见的虚拟主持人无论在形象、气质、表情、语态还是其所发挥的主持功能上离真正的主持人尚有较大的距离，但无论如何，这些虚拟主持人都确实已在某些方面具有了人的特征，营造出了主持传播所特有的"拟态人际交流"氛围，它们不仅有自己的独特形象，甚至有某些专属的独特个性和人设，其作为一种人格化的存在已是不容置疑的事实。

如果说三维虚拟影像技术和增强现实（Augmented Reality）技术的发展仅是为新时代的主持传播创造了人格化的形象，或其所创造的主持传播的虚拟人格与真正的主持传播人格尚有差距，这些虚拟人格只是以某些人的形象和方式来承担某些非人际交往功能的话，大数据技术的运用则使得主持传播中的人造传播主体因为有了某些交际功能而在人格化上又迈出了更大的步伐。如微软公司于2014年推出的伴侣型AI机器人——微软"小冰"，由于集合了七亿网民对外公布的大量的文献资料，依托先进的微软大数据技术、深层次神经网络技术以及自然语义分析技术，它能够对海量语料进行精心提炼，通过系统来对语义以及语境进行识别和理解。作为一种人工智能助手，微软"小冰"不仅实现了深层的人机交流和互动，还具备通过生成模型来自创对话内容的能力，这使其对话行为更接近具有独立意识的人类。②

在云计算、大数据、深度神经网络等技术的支持下，"小冰"目前在全球已拥有超过1亿用户，而且已经更新到了第六代。第六代微软"小冰"最大的特点是，已经从一个聊天机器人转化成一个完整的情感计算框架，再从情感计算框架转化成各种各样的产品形态，通过各个垂直领域进入到人类社会生活的方方面面，③成了与

---

① 马卫. 虚拟现实技术与增强现实技术的应用[J]. 演艺科技，2016（1）：45-48.
② 李枫，谢鹏飞. AI机器人媒介角色的拟人化现象与思考——以微软小冰为例[J]. 现代视听，2018（2）：60-63.
③ 陆飞. 第六代微软"小冰"正式发布[J]. 计算机与网络，2018，44（15）：73.

真正的主持传播主体越来越接近的虚拟人格传播主体。

(二)主持传播虚拟人格的实际影响

2015年12月22日,东方卫视的晨间新闻《看东方》首次让机器人微软"小冰"做天气预报板块的主持人,替代传统主持人播报上海和全国的天气情况。由于播报极其准确,"小冰"的出场引起了许多媒体和观众的强烈好奇,一时间产生了巨大的社会反响。2018年3月,南方财经全媒体中心也首次推出人工智能虚拟主持人,"通过语音模拟技术,合成节目主持人俎江涛的虚拟声音进行新闻信息播报,电视媒体会配有'俎江涛'三维人物动画形象,报纸和新媒体的文章也可以实现'俎江涛'自动播报,让读者听新闻"。[①]南方财经全媒体中心使用人工智能虚拟主持人同样在大大提升传播效率的同时引起了社会的广泛关注。

如果说"小冰"和"俎江涛"的出现并得到受众关注是因为其充满新鲜的新科技元素,满足的是观众的一部分好奇心理的话,《暴走大事件》的主持人王尼玛则是靠着其独特而鲜明的人格设定得到了受众的喜爱。在节目中,王尼玛身材矮胖,肚腩明显,脚踩帆布鞋,身穿鲜艳的卫衣或T恤,肩上斜挎着一卷卫生纸。其头戴的暴走漫画头套眼神涣散,嘴巴张开做惊呼状。节目中的王尼玛时而插科打诨,时而义正词严勇于发声,深受年轻观众喜爱,积累了大量的粉丝。截至2019年3月5日,王尼玛在新浪微博上有粉丝16 548 768人,发表微博3 606篇。

除了像王尼玛这样带着漫画头套、借助真人的形态、由传播方和受众共同想象的虚拟人格之外,完全通过虚拟影像技术制造出的虚拟人格的影响同样不可小觑。以虚拟偶像界的代表人物"初音未来"为例,作为一个本质上是代码、形式上是一个二次元动画人物的虚拟人格,"初音未来"在2007年诞生之后便广受欢迎,在被创造出来之后的5年内"初音未来"不仅发行了超过350万张唱片,而且在世界多个地方举办虚拟演唱会,并衍生出了各种相关产品,带动了音乐、动漫等多个领域产业的发展。近两年,国内的虚拟偶像也开始呈现井喷之势,在2017年因为杨幂、薛之谦等人气明星担任评委而备受关注的腾讯视频偶像选秀节目《明

---

① 人民网.南方财经全媒体指挥中心启用人工智能虚拟主持人上线[EB/OL].(2018-03-02)[2019-03-13]. http://media.people.com.cn/n1/2018/0302/c40606-29842886.html.

日之子》中，出现了一位名为"赫兹"的虚拟偶像选手，"赫兹"和真人选手一起参加比赛，拥有大量的粉丝，还在网络上有专门的粉丝社区，其粉丝支持其获得冠军的呼声甚至高过了同场竞技的真实选手。无论如何，主持传播中的虚拟人格主体及其影响已然不能忽视。

三、主持传播虚拟人格的接受心理

不管是有着7亿全球用户的机器人微软"小冰"，抑或是粉丝过千万的头套漫画人物王尼玛，还是虚拟动画人物"初音未来"，一种靠着技术手段产生、在现实中并不存在的虚拟人格何以会产生如此大的影响，它在传播中产生的实际效果是否可视作对前文所述主持传播存在基础的反证？其虚拟化的人格是否真的已经对以真实人格为基础的主持传播构成了真正的威胁？要探究这些虚拟人格被受众接受的原因，或许可以借鉴心理学的相关理论，从受众心理和情感角度来探讨人类为何会爱上或喜欢一个在实际中并不存在的虚拟人格。

心理学上有种著名的皮格马利翁效应（Pygmalion Effect）理论，是由美国著名心理学家罗森塔尔和雅各布森通过小学教学予以验证提出的。实验发现，积极的期待会产生积极的效果，而且是奇迹般的效果。[①]据此心理学家们提出，人的情感和观念会不同程度地受到个人下意识的影响。人们会不自觉地接受自己喜欢、钦佩、信任和崇拜的人的影响和暗示。由此可以推断，受众在接触人工智能（AI）等虚拟主持人时心中会充满好奇和期待，当看到人工智能（AI）虚拟主持人科学高效率的工作时自然便会对其表示出喜爱。通常而言，受众会努力向着优于一般表现的方向发展，这是一个双向互动的过程，而这恰恰也可以从心理学中关于情感投射、情感替代和情感补偿的理论上得到解释和验证。

而按照弗洛伊德的理论，投射就是把自己内心存在的不为社会接受的欲望和行为归咎于他人。根据弗洛伊德的解释，人们对于现实中并不存在的虚拟人格表现出的喜爱和崇拜，实际上折射出的是人们长时期被压抑、处在知觉意识下层、不能表现出来的思想、记忆和愿望。人们将自己内心的愿望、欲求、理想和情感向

---

① ＥＰ霍兰德.社会心理学原理和方法[M].冯文侣，等，译.广州：广东高等教育出版社，1988：126.

外投射和放大，通过社会许可的方式表现出来，其本质实际上是一种深层自我的现实化、人格化和理想化。普通心理学亦提出，当代社会人们普遍孤独，很多人有着需要陪伴的心理需求。通过相应技术手段为虚拟角色们赋予"拟人"特质，将他们塑造成了有血有肉的"人"，自然也会赢得受众的喜爱。因此，人们对主持传播中虚拟人格的接受和喜爱在很大程度上不过是在寻求一种对现实社会人际交往或者社会关系存在的某种缺憾的补偿。以微软"小冰"为例，在现实生活中，可能会有很多人因为复杂的人际关系而愁眉不展，但如果受众同微软"小冰"交流就不会觉得复杂和有压力。基于大数据技术对海量语料库的分析，微软"小冰"可以让受众感觉与她的聊天不仅更真实，更有趣，而且也绝不会出现现实社会中无话可聊的尴尬局面。

四、虚拟人格是对主持传播真实人格的补偿与超越

通过以上分析不难发现，受众喜欢和接受虚拟主持人并不是因为单纯对虚拟主持人的虚拟形象和虚拟人格心存好感，实际上在受众喜欢虚拟主持人的虚拟人格中，折射出的是人们对交往对象理想人格的期许和渴望。理想人格一般是指一定社会或阶级所倡导的道德上的完美典型，是人们普遍认为的完美人格形象，是一定社会的道德要求和道德理想的最高体现，如马克思所提出的理想人格模式就是指自由而全面发展的人。[①]

利用技术手段对虚拟主持人进行外形、语言等类人化创造，再为其赋予符合社会主流价值观的近乎完美的理想人格特质，这必然会在短时间内激发受众对主持传播中的虚拟人格的兴趣和喜爱之情。而这恰好从一个侧面证明，利用技术手段实现的类人化的虚拟人格并没有颠覆和否定真实人格、平民化等主持传播的存在基础和传播优势。相反，主持传播的虚拟人格受到欢迎也再次证明：带有温度的、充满人文关怀的人性化传播依然是受众需要和看重的，依然是主持传播的核心。

以《暴走大事件》的主持人王尼玛为例。王尼玛的粉丝一直都以为王尼玛是一个鲜活的人，有血有肉有思想。王尼玛多重人设的核心实际上就是"真实"，这种真

---

① 马克思.资本论：第1卷[M].北京：人民出版社，1975：530.

实既表现在解构和戏谑的话语方式和自我矮化,也体现在"苦口婆心"地为青年答疑解惑,为青年群体发声,更体现在他作为一个"媒体人"与"恶势力"作斗争的过程中。在这一点上,他承担了观众对于新闻节目主持人的期望和想象——揭露虚假,报道真实,而这也正是王尼玛在各个社交平台所呈现出来的价值观,比如在知乎问题"如何评价《暴走大事件》和暴走漫画"下,王尼玛在其知乎账号的回答中说:"我们不会虚无缥缈地抹黑谁,我们所做的一切都围绕着'真实'"。因此,当王尼玛所倡导、观众所期待的"真实"遇上了王尼玛本人身份"虚假"的可能,就导致了本真性的危机,最终引发了王尼玛"人设"的崩塌。

因此,新媒体环境下主持传播中的虚拟人格其实是更理想或更契合受众期待的人格,是更体现受众理想主张的人格,它并不是人格的虚拟或虚无,更谈不上角色表演或人格做假,也不存在对传统主持传播主体真实、平民化、无角色、无扮演理论的颠覆。考察近年来受到关注甚至在受众中具有显著影响的虚拟主持人的人格特征亦能发现,虽然这些虚拟人格在形态和风格上存在不小差异(详见表1),但其通过节目外显或其制作者力图所要塑造和追求的"人设",不管是洛天依的"可爱、乖巧、有礼貌,情感丰富、有些冒失、天然呆、比较内向";小冰的"可爱、自夸、毒蛇、语速适中,多才多艺、傲娇、容易嫉妒",还是绊爱的"明快、话多且语速快、喜欢吐槽,活泼可爱、自信心膨胀、认为自己智商高于普通人类,但实际经常掉链子",它们恰恰是社会现实中真实主持人所缺少或没能充分展现出的理想化人格。

表1 主持传播虚拟人格的人格特征

节目名称	姓名	别名	语言风格	性格特点
江苏卫视2018年春节晚会	洛天依	洛殿、洛神、吃货大人、世界第一吃货殿下	可爱,乖巧,有礼貌	情感丰富、有些冒失、天然呆、比较内向
一唱成名	零	零酱	不爱说话,只喜欢用唱歌代替说话	外表纯净和治愈而有质感的歌声,能歌善舞,擅长多种乐器
我是未来	小冰	/	可爱、自夸、毒蛇、语速适中	多才多艺、傲娇、容易嫉妒

续表

节目名称	姓名	别名	语言风格	性格特点
明日之子	赫兹	喵兹	语速偏慢、言语温和	爱着音乐的吃货、能给别人带来温暖和欢乐、需要从食物中汲取能量
AI Channel	绊爱	爱酱、人工智障	明快、话多且语速快、喜欢吐槽	活泼可爱、自信心膨胀、认为自己智商高于普通人类，但实际经常掉链子

由此可见，尽管主持人的有形（实在）人格可以虚拟，但主持人的精神人格却并没有超出人格的范畴，也不存在虚拟化的趋势。主持传播的拟人格化与主持传播人格化的内涵，即主持人真实的平民化定位和无角色扮演的伦理原则并不矛盾。主持传播中追求理想、完美人格的拟人格化实际上是主持传播人格化在否定之否定中的人格进化。

五、讨论：技术推动与主持传播中的人格进化

秦德君等人在研究领导人的形象塑造时借助心理学和人际交往心理学的相关理论，将民众对领导人的人格期待划分为四个方面，即崇高预期、个性预期、才资预期和平民预期。[①]从主持传播的人际性特征及其效果实现的机理来看，这四种人格期待同样存在于一般受众之于主持传播主体的人格期待当中。所谓崇高预期，实际上体现的正是传播主体人格的完美化和理想化。一般而言，这种崇高人格也是主持人"超我"的表现层面，通过塑造这种完美化和理想化的人格，主持人就会更符合大众传播的公共性公益性特点、受众的普遍心理期待和社会道德的价值标准，并由于这种完美人格得到受众的崇拜。而所谓的个性预期，则往往是对交往对象与众不同性的期待，换言之，唯有突出的个性化人格才能吸引交往对象并给交往对象留下深刻印象。主持人作为主持传播的主体，如果他在主持传播过程中展现出一种人格上的独特性，这种独特性就会带给受众一种新鲜感，虽然这种呈现出来的人格可能不是那么完美的，但却在受众的心中留下了深刻印象。

---

① 秦德君. 领导者公共形象艺术——领导力建设与领导生涯成功策略[M]. 北京：研究出版社，2009，17.

平民预期则是指人们在交往中对交往对象与本人在人格相似性方面的预期，唯有交往双方在人格上存在相似之处或交往对象具有某些平民化的"缺陷"才能真正拉近传受双方的心理距离。主持传播活动的人际性决定了主持人与受众双方的主体间性关系。在节目主持传播的语境中，受众不再是单纯的信息被动接受方，而是作为接受主体与传播主体在平等、友善、和谐的氛围中沟通交流，实现人际性的互动交往，这就使主持人情感的流动和影响成为可能。主持人所抒发的人类普适性的情感，在主体间性的交往关系中会引起受众强烈的情感共鸣，使后者在深层心理上对节目产生认同意识，积极参与到节目当中，从而在客观上极大地增强传播效果。[1]交往对象之间存在相似性或传播主体的平民化固然可以增加受众对传播主体的好感，但与交往对象间的毫无差别同样无法满足受众的心理期待，除了在态度和姿态上与自己接近，受众往往对传播主体也有着较高的专业期待，这通常被称作对传播者的才资预期，这种预期在一定程度上反映的是传受之间的心理距离问题，即主持传播主体要体现出一定的"陌生化"效果，成为受众心目中"熟悉的陌生人"，才能既保持主持传播主体的神秘性和权威感，又不至于因为真正的陌生而产生与受众的疏离感。

"陌生化"理论是1917年由俄国形式主义文论家什克洛夫斯基提出的艺术创作理论，在文学研究领域影响巨大。"陌生化"是"使熟悉的事物变得陌生"，实质是打破人们的传统思维模式，赋予平淡无奇的事物以新鲜感。[2]主持人要打破之前单一的、机械式的播报，通过技术手段的应用或者叙事方式的创新提升受众的观看欲望。主持人和受众之间天然存在着这种传播距离和传播的陌生化，只有很好地掌握这个度，受众才会欣赏主持艺术带给他的独特审美体验。

根据受众对于主持传播人格的期待，以及从虚拟或人工智能机器主持人身上所折射出的现实主持人在人格上的不足，受众心目中比较理想的主持传播人格应该是既要有普通人一般的平民气质，又要有高于普通受众的高尚品格；既要有鲜明的独特个性，又要有精湛的专业水准。现实中的主持传播者正是因为这几类人格特征的缺乏或不均衡才使得受众将其对主持人理想人格的期盼转移到虚拟主持人身

---

[1] 尹航. 主持人的情感表现及其审美作用 [J]. 今传媒, 2012, 20(5): 102-104.
[2] 杨建刚. 陌生化理论的旅行与变异 [J]. 江海学刊, 2012(4): 205-213, 239.

上，受众虽然明知王尼玛、小冰、赫兹等虚拟主持人在人格上是不真实的，但这些主持人身上所体现出的某种人格特征契合了他们的期待、符合他们的理想，因而成为他们乐于交往和信赖的对象。

因此，对于主持传播而言，技术发展可谓催化剂，它既是试金石，又是照妖镜。在主持传播从"真人秀"到"机器人秀"的发展历程中，技术始终扮演着重要的角色，它不仅作为主持传播人格化的基础和保障而存在，而且通过不断检验和淘汰的方式促使主持传播的人格向着更人性、更完善的方向进化。

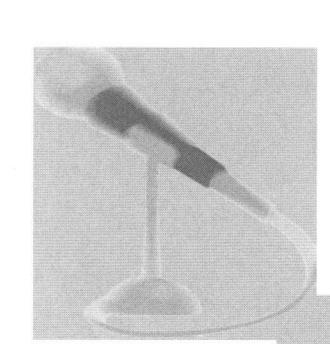

【特别策划】

技术与人：人工智能带来的机遇与挑战

栏目主持：曾志华

第二届中国主持传播论坛的主题是"技术与人：人工智能带来的机遇与挑战"，在主题发言阶段，主办方邀请了几位来自国内外的业界和学界专家，分别从不同的专业视角、不同的传媒实践角度进行了对话与交流。他（她）们的发言，既展示了人工智能带来的技术变革的传媒场景图，也从批判和教育的视角回应了技术的变革与人的发展之间的历史与现实逻辑场景。

巨变的时代应该教会学生自主学习的能力

于飞（东方卫视新闻节目主持人）：电视台的境遇不太好，尤其是今年。从头部卫视广告看，几个头部卫视广告费用一直在缩减。湖南卫视2019广告的报价：第一季2500万、第二季2800万、第三季3100万、第四季3400万。优惠价一年5000万，两年1个亿。从广告体量变化看，有人说传统媒体人特别焦虑，但比传统媒体人还焦虑的是广告人。在为期一周的金投赏国际创意节里，我和广告人们聊天，他们表示之所以焦虑是因为他们不知道投什么广告有效，只能到处撒。电视不会不投，但投得不多，因为效果不好说。

从芒果台的情况分析来看，第一，我们可以看到，原来的情况是广告客户80%投到电视台和传统媒体，现在20%投给我们就不错了。原来100元投80元，现在只有60元或者40元投给传统媒体。大企业的广告投放给传统媒体的比例也在下降，电视台传统金主的广告投放最高限度整体下降。整个广告盘子已经变小了，这是一个信号，告诉我们媒体这个渠道的价值到底是在增长还是下降。

第二，我们要关注的是做媒体的门槛越来越低了，是自己做内容还是找人做内容？今年出现很多新型业态，一些新的大众消费品牌，大家熟悉的小米、美团，大部分的分众数字营销都是自己在操作。原来管这个操作的部门叫营销部，后来叫

BD。公司要看流量,哪里体现生产效率、生产方式,公司流量就投哪里,用户对标整个体系,特别高效。现在做App很简单,关键这个App和整个产品、用户、用户体验、线上线下怎么结合?这种结合问题是必须要考虑的。不会做内容,我帮你做;没有渠道,我给你渠道。在我的包装设计下给你带来良好的效益。设计包装和宣发推广的逻辑发生了变化,电视台的收视也发生了较大的变化,湖南卫视、浙江卫视、江苏卫视整个营收比东方卫视要强一点。《中国好声音》整个收视率的变化,从2012年第一季,到2018年最新一季,收视率下降比较明显。也有说法是好声音节目质量一年比一年往下走,这代表了电视节目吸引力的整体情况。

现在即便传统媒体有栏目非常火爆,招商也很困难,客户不愿意冒险,要把广告费投到新媒体去。传统的游戏规则正在瓦解和变化。网综在突起,电视不再造星,明星主要由网综造。我去参加腾讯食品的战略研讨会,发现他们的产品线、生产流程跟我们电视台很像。他们做内容的背后有一整套偶像包装,整个产业链怎么开发,在中国市场上越来越专业,越来越和国际接轨。相比之下卫视包括央视这方面比较欠缺。这几年央视没有产生有名的新闻主播,这很奇怪,这个平台不再具有吸引注意力的变化。

现在电视的概念变得非常广,电视不再是电视台的电视。电视本身这个产业蛋糕不是变小而是变大,电视整个赛道也变得更多元化了。

第三,我们说整个市场的边界在不断扩大,市场不是内容生产和分发渠道这种简单的二分关系。电视行业有飞轮效应,一个轮是技术,一个轮是服务。当技术往前推,新的服务马上出现。传媒专业的老师学生有感觉,毕业生的去向多元化了,去了很多我们没有听说过的产业,在技术和服务这种双飞轮效应下我们需要不断突破电视的边界。

电视台有什么优势:第一,政策优势。作为权威平台,电视台的优势是明显的。第二,头部节目优势。电视台都有自己的头部品牌节目,拥有固定的收视群体。第三,资源优势。比如进博会要开,只允许传统媒体进入。

再谈我对播音主持的看法。边界在变宽,我个人理解主持人是信息的服务员,口语传播是最原始的传播方式。现在的主持人概念变得宽泛了,可能就是一个网红小姐姐,一个说书人。今日头条算法主持人就是App,主持人带着观众进入节目的场，现在技术带着用户进入一个新的场，我们每个人每个App都是一个场。

其实市场上对口语传播的需求特别大，小朋友的培训、上市公司的巡演等都需要口语能力。喜马拉雅卖得最好的课是口语表达课，怎么和人沟通，怎么说服别人是非常流行的产业，然而市场上做这个行业的人基本上不是我们科班毕业的。

我认为做这个行业需要以下几种能力：第一，善于表达；第二，观察、总结、学习、好奇心、自控力、能坚持。总体上来说，现在大学很难说给你一个技能拿去用，一辈子能吃，因为技术迭代太快，每十年的变化是前十年不可想象的，所以，教会我们的学生如何自主学习是非常关键的，教会学生做事的品质是很关键的。

体验式传媒应用给我们带来关于社会、政治等议题的更多思考

John Pavlik（罗格斯新泽西州立大学传播与信息学院教授）：

首先，体验式媒体是指让我们跟观众有更多的互动，能将数字内容分享给用户的新媒体。虚拟现实如1995年左右出现的AR、VR就是一种体验式媒体。有4个衡量该类媒体的维度，包括互动性、浸入性、算法和数据驱动平台。互动性有两种形式：一种是主体间空间的互动，一个是内容的互动。如用户、记者，还有其他媒体故事讲述者，他们在同一个网络空间中互动，现在人工智能和机器人都已经实现了这样的功能，内容的互动表现为单击条目访问。

2000年德国有一个平台用了沉浸式的报道方法拍摄纪录片，让观众感觉身临其境。如地震之后有一些幸存者讲述地震体验，现场救援团队、记者等在这种环境下有怎样的经历。人工智能在公共空间打造了一个交互用户与内容的平台。

英国伦敦的广告牌使用过增强现实的技术。广告牌上可见一名女性眼部受伤，以此引起大家对家庭暴力的认识。

可穿戴的设备也会让用户有沉浸的感觉。我的一位计算机科学家同事打造了一个运用人工智能和增强现实的系统和技术的情景平台。我们打造了一个情景，

让用户在该情景中深切感受到在哥伦比亚的校园中行走的动感。智能技术创造了新场景,给我们带来更大的自由度。它在任何方向都可以实现360度观看图像和视频,不只是你可以看到的方向,还可以打造更大的自由度,让大家可以真正感受到逼真、虚拟的环境。

不只视频,我们的音频也可以实现360度,真正打造在场的感觉。2015年,纽约推出了一个虚拟现实作品,用户仅需要手机就可通过谷歌感受虚拟现实。他们会"身处"难民营,看到因战争而流离失所的难民。用户通过媒介可获得在场感。

体验式媒体越来越多地使用算法数据驱动内容,为用户提供第一人称视角来观察事件。1997年我和我的同事制作了一款浸入式新闻,我的学生通过360度的摄像头近距离感受ILGO抗议活动,用户可以直接获得在抗议活动现场的体验。

在自然语言识别方面,80年代机器识别自然语言的准确性为80%,现在谷歌等平台上语音识别度已经很高了,大家跟计算机可以进行直接互动。浸入式360度体感新闻、虚拟现实和增强现实技术已经有了非常广泛的运用,而且这些技术正在不断进步,希望传媒行业能有更多的应用。

美国的传媒行业如CBS已开始使用增强现实的技术,去年日食期间,CBS用增强现实的技术,在演播厅展现3D互动的模型。我们的播报人员会根据这些3D互动模型进行解释,针对美国的一些观众进行一些特殊报道,例如关于AR的日食报道。2017年,有50多个国家和地区提供了达45亿观看量的360度新闻。越来越多的人开始使用360度视频工具。现实增强技术不仅应用于体育赛事的展播,让用户从比赛者视角观赛,还能提供安全救援等服务。

中国的华为、韩国的三星都在关注这些技术。中国的市场巨大,中国人口众多,体验式传媒一旦在中国实现,将收割非常巨大的市场份额。

体验式的传媒应用能给我们带来什么?带来关于社会、政治等议题更多的思考。我们的研究发现,目前欧美地区如美国、英国等地的用户每天花11个小时盯着电子屏幕,花12个小时在数字媒介上交流,新技术的信息安全等问题亟待讨论和解决。但新兴的市场仍存在风险、机遇和挑战,也需要我们重视。

裂变传播：阿基米德的"广播+传统实业"融合实践

王海滨（上海阿基米德CEO）：

阿基米德在融合实践中是这样做的：

一、与节目深度融合：释放海量内容，重构内容生产模式

互联网拥有强大的解构能力。新媒体，是传统媒体搭乘互联网列车的有效平台，阿基米德就是这样的新媒体平台。2018年11月5日，进博会开幕日当天，阿基米德各个部门通力合作，以技术为保障，与上海广播四大频率深度对接，并于首页显著位置准点呈现四大频率、六大节目。

内容团队通过挖掘直播节目亮点，以"专题"服务"直播"，通过音频拆分与重组整合，快速生成30余个不同主题的多音频专题。其中，最具代表性的是进博会首日的《习近平进博会开幕演讲，这十大金句掷地有声！》，以新媒体原声再现国家声音。在阿基米德平台，广播节目能够在直播结束后，自动生成可回听、可剪辑状态。不管是主播还是用户，都可以根据自己的喜好，对节目内容进行二次生产。

二、与用户深度融合：配置多种样态，重构广播传播方式

互联网已成为这一时代的关键词，新媒体应运而生。对于广播传播而言，新媒体为配置广播声音资源、重构广播传播方式提供了更多可能。以大量音频内容的生产为基础，阿基米德进一步纳入多种传播样态，丰富传播方式，延展传播范围。在首届进博会举办期间，搭建完成了具有多样态共存、多频率共传、多用户交互的传播矩阵。

（一）多样态共存

为服务首届进博会宣传，阿基米德共启用了9种传播形式，分别是音频直播、图文直播、H5、多音频专题、大事件专题、微博、微信、朋友圈海报和声音日历。其中，最值得一提的是，最具现场感和立体感的图文大直播。在为期6天的进博会举办期间，阿基米德合作团队启动每天时长12小时的图文大直播，全景式呈现进博会现场

一手动态。

图文大直播突破了单一的声音传播,通过配置图片、文字、视频资源,丰富了广播表达形式,并注入趣味性、新奇性、细腻感,让广播具备可视性,实现视听合一。六个图文大直播分别针对当日逛展主题,带领听众展开各具主题且别开生面的进博会线上之旅。其中《带你逛进博丨世界在这里:智能与舒适的邂逅》让买买买变得格外浪漫,《带你逛进博丨那些你看得见和看不见的服务》让进博会故事充满了细腻与温情。

（二）多频率共传

广播传播方式的变革,不仅仅是传播样式的丰富,更意味着传播主体的融合。多频

图1　"带你逛进博"系列图文直播

率共传是阿基米德传播矩阵中的又一个亮点。进博会期间,全国共16个省级广播频率加入直播队伍之中,"全国广播在现场"成为此次图文大直播中的吸睛所在。

图2　"全国广播在现场"图文直播

同声共传,盛事共襄,阿基米德由内而外搭建了辐射全国多个地区的传播矩阵。这些广播频率的加入,在扩充进博会报道内容的同时,也增强了广播的进博会声量,提振了广播在融合时代的集体士气。

图3 "新时代,共享未来"直播

(三)多用户交互

这些新媒体平台的一系列滚动更新,吸引了大量新媒体社区的用户,落幕当天《新时代,共享未来》8小时直播呈现出鲜明的强交互特点,用户的观点和精华评论也第一时间体现在广播节目中,形成广播与受众之间的有机互动,让新媒体成为广大听众了解国家盛事的有力平台和传递国家声音的强劲动力。

三、与行业深度融合:汇聚全国广播资源,深度协同报道

这次进口博览会,全国16家省级广播电台联合阿基米德共同建立了进口博览会联合报道联盟,尝试突破广播的地域性限制,基于"共享"理念,通过"聚合+分发"的协同传播,来扩大广播的进口博览会"声音"。

16家省级广播电台包括山西综合广播、广西电台新闻910、北京新闻广播、江西综合新闻广播、海南新闻广播、海峡之声广播电台、河南广播电视台新闻广播、湖北之声、青海新闻综合广播——青海之声、辽宁之声、内蒙古新闻广播、贵州综合广播、四川之声、广东广播电视台珠江经济台、山东人民广播电台、上海人民广播电台,其中有7家媒体到进博会进行现场报道。

最终,这些丰富的进口博览会报道内容通过阿基米德图文大直播的方式进行聚合,以"图、文、音、视"四位一体,H5新媒体形式进行多角度、多维度的实时综合呈现。

四、与进博会深度融合:借势重大活动报道,谋求更多融合可能

互联网的发展为不同行业实现跨越式发展带来了新的契机。作为世界上首个

以进口为主题的大型国家级展会，首届进博会吸引了3000多家企业参展。进博会不仅为国内外企业、国与国之间的融通交流搭建了平台，而且也为更多跨界融合提供了可能，它就像互联网、新媒体平台一样，作为一个开放性的平台，它将纷繁多样的资源集纳其中，为更多融合创造机遇。

自融合元年开始，广播搭建了一系列新媒体矩阵以寻求自内而外的变革。在这个过程中，打造主播IP成为广播转型融合的核心。同样的，主播也可以成为未来传统实业变革的动力。继而基于主播的个人影响力，推动"广播+传统实业"的共同转型。更重要的是，广播作为传统媒体，从听众中来，到听众中去，其本身所具备的亲和力决定了它的公信力和影响力。"广播+传统实业"的融合，可能是互联网的下一个红利。

总之，阿基米德通过与频率深度对接，准点呈现上海广播六大节目，形成同频共振；与此同时，它充分挖掘新媒体的传播力量，建立了多样态共存、多频率共传、多用户交互的传播矩阵。由此可见，顺应时代发展潮流，广播融合的程度将越来越深。

这是一个巨变的时代，但是变中有不变。那就是控时、控人、控场、控体。这些东西都不变，它们依然是我们播音主持或者新闻访谈当中核心的要义。带角度、有思考的即兴表达能力对主持人而言很重要。即兴表达在脑海里的腹稿和流程是需要进行训练的，而不是天然形成的。还需具备具有交互核心的语言文字的能力。传统的单向传播变成双向传播，在今天，没有交互的新闻无法成为真正意义的新闻。交互的核心不是我很著名，今天跟你交互，所有的交互都是对信息的再补充，对整个访谈情绪的熏染和内容的加深。一个懂得交互，并通过语言进行传播的播音主持人才是真正的播音主持人。另外，掌握并洞悉人性的心理非常重要。

最后一句话，要坚守目前播音主持的正确方向。我们听过很多网红的节目，他们只追求声音好听，普通话不太标准，能做好表达即可。但听老的播音员那些震撼人心的作品，几十年来仍觉是经典。播音主持教学方向是正确的，我希望可以看到更多优秀学生出现在广播电视或者新媒体平台上。

我们需要专业的播音员、职业的主持人

张树荣（原北京人民广播电台播音主持管理主任）：

今天我跟大家交流一下我们传媒行业的用人单位跟育人单位互联互通的关系。

无论新媒体的产生还是传统媒体的交互，没有改革开放是没有今天的繁荣发展的。听到新媒体、新技术、新融合很多东西业界很惶恐，包括教学单位，我需要一个包子却生产出了馒头，需要馒头却生产了蛋糕，这里面很多问题。播音从1940年人民广播开始，1978年才开始有主持这个岗位，也就是说，从1940年到1979年，基本上都是播音员这种称呼。到了1979年，当然有人说1980年《空中之友》中出现了第一位节目主持人，以主持的方式播音了1979年欢乐音乐会。也就是说1979年出现了主持概念，叫主持形式的播音。1980年的《空中之友》改变了播音的状态，主要的改变就是对台广播，它不是宣教式的，亲切、甜美，那时候的播音、主持还是在有稿的情况下，跟现在的主持也不是一回事。但是从历史的角度讲，对播音和对主持的要求，包括媒体的改变，社会体制的改革、经济体制的改革等带给我们的要求，包括受众的需求，使我们不能不改，不能不变。

现在学校有一套完整的学术和教学体系，我每次在台里招聘的时候都在想，我们现在的学校很辛苦，4年的本科，2年的研究生，然后还有博士，博士以上用人单位不考虑，他搞学术、搞理论，博士到我们这儿屈才。我们的研究生好多时候不大好用，还不如本科好用。有一个框框，怎么造成的我不知道。各个媒体有严格的用人要求，中央三台要求必须是985、211的学生，我们没有，我们进任何人的标准就是研究生，唯独对播音主持专业放宽到本科。研究生比本科生在知识方面、在课时方面、在学习的时间方面，一个是多，一个是长。但是为什么到了一线以后会出现这样的困惑呢？可能学的虽然多，但到一线要归零，这个教学方面是不是有点问题？

十年前也是在杭州，中国广播电视协会举办中国广播高峰论坛，各个委员会各个分会都办了论坛，关键一个问题在哪里？到现在为止，我们在教育教学体系中，还是把播音主持放在一个专业、一个方向上，后来我发现这里面有问题。我在招聘时特别想要好的播音员，但是也很困惑，主持人很多，好播音员没有。主持人方面我想要知识丰富的人也没有，也是一种困惑。我去招学生大家都知道，我分播音和主持两方向招，你两个都可以报，我的播音标准还是中央人民广播电台的标准，主持要多变。广播不等于电视，广播有广播的特点，电视有电视的特点，从培养学生这个方向讲，把播音和主持合在一起，广播和电视也不分开，但广播的主持人、播音员和电视的主持人、播音员不是一回事。各地电视台的《新闻联播》，和广播电台的地方新闻，你们去听，从专业播音的角度，大家去听，是不一样的。我到学校招播音员的时候，我非常重视招能播新闻的播音员，播音员是新闻的窗口，我老说我们北京人民广播电台《北京新闻》和中央台的《新闻和报纸摘要节目》，一个是6：30-7：00，一个是7：00-7：30，我一听我们是乡下的，所以，一定要找到达到要求的播音员，就是专业的新闻播音员。

现在我们有一个误区，为什么惶恐？就觉得什么都要融合。广播怎么办？电视怎么办？传统媒体怎么办？传统的媒体该做还是要做，不能把传统广播丢了，把传统电视不能丢了。广播是广播、电视是电视，不是说守旧，从现在讲这两个传统媒体至少5年之内不能少，广播更是如此。为什么说广播更是如此？新媒体带来了信息的爆炸，但是互联网在最早也就是一个载体，我们用无线电传播，他们用互联网传播，后来新媒体的产生是在互联网的基础上加内容，关键在内容。广播也好，电视也好，刚才还提到网综，实际上广播和电视都是应该做的。

最后，我们回到正题。播音是老生常谈的问题不用多说，播音有播音的标准，大家研究都很多年了。

在2008年举办了中国播音主持论坛之后，中国广播电视出版社出版了一个集子叫《中国播音主持文集2008》。当时播音大家都在上面做了发言，张颂老师明确指出播音主持是一个专业，一项工作，是一种理论，是一个学科。他提到30年前话语样式基本以有稿播音的播报为主，涌现出四大高峰，齐越的朗诵式、夏青的宣读式、林田的讲解式、费寄平的谈话式。老人家特别提到业务能力是有稿播音锦上添花，无稿播音出口成章。这个我们都知道，当时我比现在小10岁，毕竟在这个行业干了这么长时间，本身从事主持就琢磨主持，我认为播音员和主持人应该分为两个专业和两个标准，在教学上大一大二仍然用播音学进行教学，大三将播音和主持分为两个方向。

自由与多元、无序与规则——新媒介时代下的有声语言艺术

曾志华：中国传媒大学播音主持艺术学院教授、博士生导师

前段时间，我的研究生推荐我看一档节目——《相声有新人》。这节目火了，尤其是第一期。最火的是一对博士夫妻。有关博士的品行，比如尊重人、礼貌待人等，我不想多加评论，只说一句吧：智商不等于情商，一个人素质的高低与学位没关系。我比较好奇的是印在他们胸前的一个"相声公式"，他以几点几分观众会笑、几点几分笑有多长这些作为参数，用公式来创造相声。这个公式连同这对博士夫妻在网上引起了争议，也引起了我对有声语言艺术的思考。

一、自由与多元

早在20多年前，尼古拉斯·尼葛洛庞帝就预言："数字化生产天然具有赋权的本质，这一特质将引发积极的社会变迁。在数字化的未来，人们将找到新的希望与尊严"。

现在，"未来"已来，尼葛洛庞帝的预言已经成为现实：网络技术已经让所有只要是可以上网的人，都可以在网络上自由表达自己的想法。—— 表达观点、表达意见……表达自己对有声语言的喜爱！

互联网技术在有声语言艺术领域的赋权体现在，既为新媒介，也为人人！

为新媒介赋权的结果是 —— 如小米的雷军所说，风口上连猪都能飞得起来——出现了多如牛毛的互联网有声语言艺术的展示平台；为"人人"赋权的结果是，人人都可以是主播、人人都可以从事有声语言艺术。

技术赋权带来的这种自由、平等、去中心、去权威，对于世界的发展有着积极的意义，对于有声语言艺术的发展同样有着革命性的意义。

与制度赋权不同，技术赋权不再是只对特定的主体实现赋权，不再是只有广播电视等媒体机构才是有声语言艺术的展示平台，只有播音员、主持人、演员等才能在这些平台上发声。技术赋权的对象是"人人"，每个个体都拥有有声语言表达和发布的权利，当然也有接受、分享他人有声语言艺术的权利。

正如梅罗维茨所说，"新的传播媒介的引进和广泛使用，可能重建大范围的场

景,并需要适应新的社会场景的范围"。我们需要知悉的是,有声语言艺术表达和展示的"广场",正在不断拓展,边界越来越外扩,为所有喜欢、热爱有声语言艺术的"人人"发声、交流、切磋、分享提供了一个从未有过的场景。

与此同时,任何一个热爱有声语言艺术的人,他的"能动性、创造性、附着资源得到了前所未有的激活、挖掘、聚合、重组"(喻国明),整个互联网有声语言创作空间也迎来了前所未有的开放、自由与多元。

二、无序与规则

互联网作为一种开放性、便捷性、匿名性、离散性的工具,在网络信息的生产、传播以及消费上带有极大的随意性,也使得互联网公共表达空间呈现出无序性。

在有声语言艺术的表达"广场",我认为,这种无序性表现为"三多三少":声音多,作品少;上传的多,好声音少;流行的多,有影响力(文化影响力)的少。究其原因,大多数有声语言创作处于一种随意、随便、随性的状态。

针对互联网的无序性,有人认为,需要管理,加以控制;有人则认为,让子弹飞一会儿,互联网自有净化的功能。

我认为,技术是把双刃剑,在有声语言艺术的互联网创作空间,技术在赋权给"人人"自由表达、为展示分享搭建起一个前所未有"广场"的同时,又因为它自身的无序性,也带来一些创作者"随意""随性""随便"的混乱。因此,我们有必要在自由多元与有序规则之间找到一个平衡点,以构建一个真正百花齐放、百舸争流的创作春天!

我赞同这样一种观点——自由与秩序是相互对立又相互统一的关系。忽视自由,互联网发展就失去了应有的活力;否定秩序,互联网空间就必定会混乱不堪。只有一个合理的、有秩序的互联网环境才能为"人人"提供更加自由广阔的发展空间。所以说,秩序是自由的基础,秩序是自由的保证,而形成秩序的基础是规则。

"当人只获得有限自由时,自由对他才有意义;反之,如果工具全面取代人的活动,它就是人的替代者,也就是说,当人想获得全部自由时,这种对自由的追求就可能把它自己全部吞噬——这就是工具和自由的悖论"(李河)

三、新媒介时代的有声语言艺术

关于新媒介时代的有声语言艺术，接下来以及今天下午还有今天晚上，各位同仁在务虚和务实的讨论当中会有很多的高见，很期待。这里，我想和大家说说我心里的一个困惑，一个担忧，你们帮我看看是不是杞人忧天。

今年的诺贝尔经济学奖已经颁发了，是关于气候变暖和科技创新的。2001年诺贝尔经济学奖获得者是美国的乔治·阿克尔罗夫。他在对二手车市场做了大量调研之后，写了一篇论文，主要观点是，在信息不对称的情况下，往往好的商品会被淘汰，而那些次等品、劣等品却可能被卖出去。他将这一现象总结为"柠檬市场效应"（在美国，"柠檬"是一个残次品的代名词）。

我担忧的是，这样一种"柠檬市场效应"在有声语言艺术的创作领域，是否也存在呢？

假设两个声频作品都是《白鹿原》，一个是演播艺术家演播的，一个是一般网友录制的，后者是免费的，前者则需要付费。对于目前大多数用户来说，由于他对整个有声读物市场缺乏应有的信息，更由于他对有声语言艺术创作缺乏足够的了解（比如什么是"好声音"），价格成了他考虑的首要因素。还有那些没有版权的、盗版的一些有声读物，尽管国家也有相关的法规条令，但是在互联网上，至少目前风险不是很大，所以它也可以是免费的，而正版的有版权的往往需要付费。

如果这个假设成立，那么，这种在有声语言创作中产生的"柠檬市场效应"，会不会导致有声读物的"好声音"弥散在风中，"好声音"的变现越来越艰难，有声语言艺术带有自身规律的创作逐渐萎缩，而随意、随性、随便以及类似"公式相声"的东西却可以大行其道呢？

如果这个假设成立，那么，我想我们首先要做的便是让信息对称，让更多的"人人"了解有声语言艺术创作的专业性，让"人人"在声音的审美空间认识"好声音"、生产"好声音"、分享"好声音"！

所以，我呼吁在座的每一位，我们在探讨我们专业性的内涵和边界的今天，我们在专业性上努力地向内修为的同时，还应该意识到在我们每一位的肩上其实还担负着一项责任——向外告知！

什么是"向外告知"？就是要让更多人知道什么是有声语言创作的专业性，让更多的用户知道什么是"好声音"。我们关起门来研讨，讨论了还要告知。"敢于出席、勇于发言"，这是我们的责任。

归根结底，我们要告诉"人人"的是，"随意""随性""随便"的有声语言创作其实就是专业性缺失的表现。再说了，门槛是降低了，但降低的是准入门槛，进入创作的领域，需要的还是艺术创作的专业手段。其实，不论你知道还是不知道，不论是掌握了还是没掌握，"专业"，它就在那里。

掌握没掌握，是创作主体的事；知道不知道，就和我们这些专业人士有关了。所以，要想让"人人"知道，首先我们自己应该对我们的专业有清晰的认识，包括宏观上的、中观上的、微观上的。

去年十二月，在北京，我们举行了首届全媒体有声读物互联网应用高峰论坛。我们呼吁要建立有声读物的播读评价体系，得到了业界（传统媒体、新媒体）、学界的一致支持。

这个评价体系的建立就是一种规则，建立规则的目的是希望产生更多的"好声音"。

"好声音"在美育建设上具有"声育力"——之所以目前很多用户即便经济条件许可，也不习惯收听付费的"好声音"，我想有很大一部分原因，是因为他的耳朵缺乏听觉美育培养的缘故。所以，我们没有理由粗制滥造，我们应该努力创作出更多的"好声音"，滋养人们的耳朵，陶冶人们的听觉审美情操。

"好声音"在文化建设上具有"声引力"——一个人的精神发育史，应该是一个人的阅读史；而一个民族的精神境界，在很大程度上取决于全民族的阅读水平。全民阅读关系到人类文明的积累、传播和创造，关系到民族文化认同、传承与创新，阅读能力的高低直接影响到一个国家和民族的未来。

说来也巧，前些天，我和北京中医药大学一位学推拿针灸的大二同学在一起，他说他特别喜欢看《相声有新人》，我赶紧向他问了很多问题，比如，怎么评价那对参赛的博士夫妻。他是这么说的：他们这是演相声，不是说相声（说的时候，他把重音放在了"演"和"说"上，加以强调）。"说"是有功夫的，说、学、逗、唱，一个都不能少。

我就喜欢听太平歌词，有味道；就喜欢听德云社的相声，节奏好，舒服！

有着一百五十多年历史的古老的相声艺术怎么就征服了00后的小伙子？我想是因为他听到了"好声音"吧。

互联网技术带来的赋权，确实带来了权力、身份、关系的重构，只是我们必须清楚，这种技术的平权并不等同于话语权力和影响力的平权。在UGC（User Generated Content，指"用户生产内容"）、PGC（Professionally Generated Content，指"专业生产内容"）、PUGC（Professional User Generated Content，指"专业和用户共同生产内容"）多种模式并存的情况下，我们发现，有声语言艺术的创作空间，依旧是大浪淘沙，优胜劣汰，真正能够在市场上站稳脚跟的，并不是"人人"，而是那些"好声音"。"好声音"是有影响力的！

影响力是硬道理，有了影响力，你和你的有声语言艺术作品就是成功的！

需要特别说明的是，我所说的"好声音"并不只是指科班出身的人，"谁能于宏观场景的精微之处体察人性、直达人心，谁就切中了社会的脉搏，能够在时代的潮头拨动风云。"（喻国明）同理，谁能够用声音体察人性直达人心，谁就是新媒介时代新的社会关系网络中的中心节点，就是声音大V，他的影响力（文化影响力）就能够在时代的潮头拨动风云！

昨天恰好是鲁迅先生逝世82周年的日子。最后，我想借用鲁迅先生的一段话作为我发言的结束："无穷的远方，无数的人们，都和我有关"。

我们这一场子的人之所以从四面八方聚合到这里，就是因为，我们都有一个共识，那就是我们认为这是一件大事，这件大事"与我有关"。那就让我们携起手来，为了我们的大事继续往前走，走向无穷的远方！

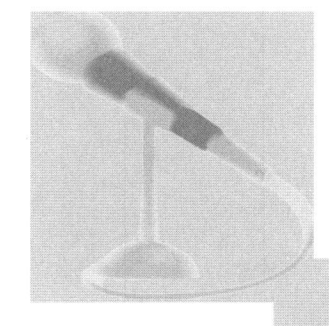

主持传播与播音主持教学研究

栏目主持：金重建

新媒体时代播音主持传播的"教"与"研"

◎ 杜晓红*

摘要： 在当下新媒体时代，播音主持传播已从单一媒体向综合媒体转变，从传统媒体向现代媒体转变，从本土媒体向跨国媒体转变。面对传播环境的变革，播音主持传播教育应该以育人为核心，引进一种新的尺度，要有新的教育思维、新的育人方法、新的评价标准。与此同时，我们要注重播音主持传播的学术研究，尤其应聚焦学科本源研究、播音主持史学研究、播音学与其他学科的交叉研究。

关键词： 新媒体　播音主持　教学　研究

纵观世界传播历程，它就是一部基于传媒技术进步而不断改革和创新的发展史。尤其是当今传媒，随着数字媒体技术的迭代更新，一方面，多样化的新型媒体迅速崛起，彻底颠覆了传媒格局，并且推动传统媒体与新媒体逐渐走向融合；另一方面，大数据和人工智能技术赋能媒体间更加深入、全面的融合。

随着媒体融合理论与实践研究的逐步深入，已经引发了传媒行业和传媒教育领域的转型和重构。中国主持传播论坛，正是在传播环境变革下召开的一次基于新技术发展过程中，播音主持行业及播音主持人才培养如何面向未来的学术会议。

浙传播音专业已成立32年，它是在国家改革开放的背景下，在媒体变革的背景下生存和发展的。从为主流传统媒体培养人才到培养全媒体人才、新媒体人才，播音主持教育教学始终在探索和实践中不断向前发展。本文将从播音主持行业的发展态势、播音主持传播教育的改革方向以及播音主持传播学术的聚焦点几个方面入手，探讨新媒体时代播音主持传播的"教"与"研"。

一、播音主持传播行业的发展态势

在当下的互联网时代，播音主持传播已经从单一媒体向综合媒体转变，从传统

---

* 杜晓红，浙江传媒学院播音主持艺术学院院长，教授，主要研究领域：播音主持艺术、播音主持教育。

媒体向现代媒体转变，从本土媒体向跨国媒体转变。播音主持传播行业在媒体深度融合的背景下，有以下四种发展态势：

1. 传统媒体通过技术创新搭建了统一的技术平台，实现了不同渠道和平台间的深度融合；

2. 融合背景下的新型传播要适应互联网传播的新理念，构建适应融合发展要求的新的播音主持范式；

3. 媒体融合发展是一场变革性的改革，要打破旧的播音主持传播模式，重组、创新、融合新的播音主持传播样态；

4. 媒体经营管理向纵深发展，播音主持传播随经营思路的变化而寻找新的定位与坐标。

二、播音主持传播教育的改革方向

无论世界风云如何变化，新技术如何高歌猛进，教育的核心都是育人，即"立德树人"的原则不能变。教育部十分重视本科教育，本科教育的重点是学生的能力培养。教育部在人才培养方案中明确指出："播音主持艺术教育，是以播音员、主持人及其语言传播艺术和节目主持艺术作为研究对象，遵循'感性——知性——理性——悟性'的艺术创作思维模式，总结大众传播中语言传播艺术和主持艺术规律，研究语言表达和节目主持的创作方法。"这一培养方案对播音主持艺术教育的定位很精准，对人才培养的核心能力要求也很明确。

在笔者看来，技术的进步，只是传播手段的改变，不变的依然是传播的内容，而人作为内容的生产者，以"人"为本是坚守的中心。正如麦克卢汉所说："任何一种新的媒介都要在人们的事务中引进一种新的尺度。"对于播音主持传播教育而言，这种新的尺度就是新的教育思维、新的育人方法、新的评价标准。

（一）新的教育思维

"遵循规律性，接轨新时代"。任何事物的发展都有其规律性，任何事物的发展也都有其时代特征。把握时代特征，遵循传播规律就是我们在教学中坚守的原则。我们的人才培养理念就是：知行合一，多方向、强指向、个性化特色发展。

(二) 新的育人方法

新媒体时代为播音主持传播提供了更多的传播渠道与传播手段。如何完善播音主持教学？我们在教学实践探索中形成了"六位一体"的人才培养模式，并采取以四级联动教学监控为保障。其中，"六位"指的是"定标"培养标准、"定类"分类教学、"定法"教学方法、"定岗"走岗实践、"定制"新媒体产品生产、"定单"联手行业定单式培养。

1. 定标

（1）制定人才培养标准。根据人才培养目标，对学生的知识结构、能力水平、素质结构提出标准和要求；（2）构建课程训练标准；（3）构建评价标准。将阶段性评价、阶梯式评价、考核评价等相结合。

2. 定类

本着"多方向、强指向、个性化特色发展"的人才培养理念，我们采取分段、分层、分类的教学模式，进行因需施教、因材施教。

分段：低年级——阶段性达标，强化基础能力；中年级——类型化教学，培养个性能力；高年级——开放式培养，锻炼实战能力。

分层：设置金话筒挑战组、实验组、平行组。

分类：新闻社教、综艺娱乐、体育解说、影视配音、礼仪主持活动。

3. 定法

随着新建实验室，新技术手段的运用，教师们在多年不断探索与实践检验的基础上，融入新的理念，形成了一系列较为独特的专业教学方法：达标训练法、浸入式教学法、大播量训练法、抛锚式教学法、合作式教学法、"三调三控"情境教学法、虚拟仿真实践教学法、"大小屏现场报道"实践教学法、汇报演出促进法、"四小时大直播"实践教学法。

4. 定岗

通过与校外定点实践基地合作,确定实践岗位在小学期进行走岗实践,是我院"走岗式"实践教学的创新模式。同时,我院还形成了与中央、省、市、地、县、传媒公司的六级联动,实现"专业见习—课程实训—准岗实习—顶岗出镜—定岗就业"进阶形的"走岗"式实践教学体系,使专业课程教学内容与岗位所需的能力紧密对接。最终,我院通过"学生"与"岗位"的对接、"课程教学内容"与"岗位能力要求"的对接,让学生的"知识转化为能力",做到围绕岗,依托岗,用好岗,最终占有岗。

5. 定制

新媒体时代产学研用人才培养的机制应该被赋予新的内容。我院积极适应新媒体环境下的内容生产和制作方式,通过与咪咕数媒、红花朵朵、北京东方视角文化传媒、酷听平台、华为音乐等新媒体公司联合建立创作基地,合作定制生产音视频节目。目前,我院与福建新闻广播、北京东方视角文化传媒三方合作的《青年领秀之青年中国》节目,进行了融媒体节目的探索与实践,节目在传统媒体和新媒体平台播出后,取得较好的成果。

目前,我院学生已为"咔哒"儿童绘本有声读物App录制儿童有声绘本1 000册;为咪咕数媒录制新闻社教节目4 000分钟;为微信公众号《西湖传说》录制有声朗读作品230期;为微信公众号杭州之声"我们读诗"录制声音作品180余期;为地区院线电影《东宫太子》《天黑请闭眼》《红衣》等配音;为央视少儿频道动画片《龙太子》配音;为22集网络武侠连续剧《天局》配音,该作品在爱奇艺平台获得1.3亿次点击量。另外,根据新媒体环境的变化,我院还适时开设短视频、短音频制作课程,扩展了播音主持专业学生的能力边际。

6. 定单

定单是我院联手媒体、团体、院校施行专业人才培养的双轨教育,成为全国高校传媒教育领域率先创新的定单式人才培养模式,实现了培养理念创新、课程体系创新、课堂教学创新和实践教学创新。我院通过打造高端合作平台,催生了卓越的人才培养成果。

目前，我院已完成和正在实施的定单式双轨教育有：与浙江广电集团合作创新的"未来主打星班"模式；与天娱传媒公司联手实施的"青春天娱成长计划"；与浙江广电集团好易购合作成立的"购物专家培育班"。目前我院正与全国电视体育节目主持人协会、上海体育学院实施"深度融合、三方协同"育人机制下的体育特色主持人才培养模式的改革，为2022年第19届亚运会、第24届冬奥会输送体育类播音员及体育项目、电竞活动的解说人员。

（三）新的评价标准

在媒体变革过程中，播音员/主持人的业务目标、定位、形态等都发生了变化，从业人员的能力需求也在不断重构。从只知道"如何说"到熟练掌握"说什么""为何说""怎么说"的能力提升是我们关注的重点。因此，教学评价不仅要保持传统的音声之美，更要考查学生的判断力、思辨力、话语生成力、表达说服力、解构整合力等方面能力。评价标准从阶段性课业的量的评价到阶梯式的发展性评价再到以能力提升为目的的质的评价，使人才的培养标准与培养结果相匹配。

播音主持是时代的产物，时代的宏观语境的发展决定了其微观语态的变化。为什么培养人？培养什么样的人？如何培养人？始终作为教育工作者对时代做出的回答。

三、关于播音主持传播学术的聚焦点

（一）播音主持史学研究

任何一个完整的学科，都有自己学科发展的脉络，有史、有论是一个学科完整的标志。寻找到学科的学术研究起点，也就是找到了"根"。播音主持的学术起点是播音主持发展史的研究，也就是播音主持史学的建立。没有播音主持史学的奠基，一切发展就成了无本之木。播音主持传播的时代性很强，它一直在社会发展、新技术革命的变革中不断前行，我们如果不具备研究学科历史深层次的视野，主持传播提出的学术问题可能是肤浅的和无根的。因此，浙传于2019年5月成立了中国播音主持史研究基地，以期为播音史、主持传播史的研究奠基，为播音主持的学术发展研究贡献智慧。

(二) 学科交叉研究

播音主持学科是年轻的，作为正在成长中的学科，播音主持行业的独特性，使其交叉的特点突出，我们需要从多维视角，例如哲学、戏剧与影视学、新闻学与传播学、中国语言文学、心理学、社会学、行为学等多门学科来进行观照。我们必须通过历时和共时的方法，从现象中寻找其学科研究的点，拓展学科发展的面，把研究重点聚焦到具有学科属性的戏剧与影视学、新闻学与传播学、中国语言文学的研究上来，建立一整套学科交叉的理论体系，使播音主持传播这个多棱镜有扎实的理论支撑，使本学科能够科学地为专业的人才培养构建几门专业的核心课程。

(三) 问题导向研究

任何研究都是有"因"才有"果"，因此，要以问题为导向。首先，必须有所"感"，这种"感"，源于对日常生活的经验现象有细致地观察与体验；而播音主持传播研究的"感"，是指在融媒体格局下对自身学科的认知和思索，感悟当下的热点和难点，这就是有价值的研究方向。例如，这次主持传播论坛的几个主题都是以完善学科建设、解决专业问题为导向设置的，具有很强的研讨意义。又例如，在技术进步的条件下，尤其是新媒体技术的广泛应用，播音主持传播的边界与空间在哪里？新技术条件下，如何实现播音主持传播活动中技术与艺术的结合？新时代宏观语境和微观语境研究对播音主持语态的影响；中央三台合并，播音员主持人合并使用，会从观念上、语言样态的变化上给我们何种启示，等等。

(四) 学科本源研究

回归学科本源，播音主持传播归属于戏剧与影视学的门下，其研究属于艺术的范畴。在研究方法上，播音主持传播的研究要求将艺术理论与艺术实践相结合，要求理性的思辨、哲学的思考与具体的艺术实践以及艺术作品欣赏感觉的敏锐、经验的丰富相结合。新媒体环境下播音主持艺术的核心竞争力究竟是什么？它的核心竞争力是出自艺术本源吗？如果我们搞清了这一问题，那么内涵就明确了，学科研究方向就不模糊了，教育教学就不会走向歧路，研究就会从现象到本质，也能够有一套公认的抽象于业界经验之上的理论概括。

播音主持传播是时代发展的产物。面对当下的播音主持传播实践，最好的研究方式应是"自上而下与自下而上相结合""由技入道与由理入道相结合。"

综上，播音主持传播应以历史为经，以实践为纬，将这经纬坐标放置于新技术的空间中，从本体出发，以"传播"为路径，在"技术"手段的推动下，在媒体变革的时代中，把握正确的舆论方向，站在时代的前沿，让主旋律和正能量成为播音主持传播的责任担当。

新媒体时代的播音主持即兴口语教学

◎姜　燕　余　超[*]

摘要： 新媒体的发展带来新的语言传播形式和语体转换，随着多元信息传播流与多维受众命令指示链的改变，在滚屏语境中形成了一个即时启动的具有直播特征、流量意识的个性化的新型口语传播应用模式。

在新媒体传播的影响下，"碎片化语言观念""一维性语言表达"带来了新的矛盾。即兴口语教学应拓展为"语境实操""任务练习""拆除支架"，通过"极简＋拾遗＋拓展＋复式互动"完成新型言说体式的群体建构，并通过"短句＋单句＋标记"的教学形成口语语体自然传播模式，完成"语料库＋语言格"复式语料库的重组，最终通过"同声相合＋反常合道"拓展口语表达审美空间。新媒体时代主持传播语言教学不应局限于陈旧的碎片化的"语言事实"的提升，而应重在"语言格局"的整体建构。

关键词： 直播　原生口语　离散　线性　反常合道

新媒体时代主持传播语言在网络促发下，由文本向口语语体转换，不再仅仅是"口语中的书面语"，而是形成一种新的传播模式来满足新媒体时代的多种应用需求。传播方式、手段的发展变化，带来了语言运用的新特色，它表现出的一个重要特点就是原生态口语的特征被极大增强。

在"一对一"信息交换时代有电话电报媒体；在"一对多"信息交换时代有广播电视媒体；在如今的"多对多"信息交换时代有互联网媒体。弹幕（barrage）是新媒体传播的重要标志，它是指观众在网络上观看视频时弹出的短促语言评论性字幕，这些评论从屏幕飘过时，其效果看上去像是飞行射击游戏里的弹幕。当下直播特点是一对多、即时性、时效性。直播观看用户通过发送弹幕会对主播的预期形成一种较为强大的弹幕冲击，这在一定程度上会影响主播的言行，进而通过主播的行

---

[*] 姜燕，山东师范大学新闻与传媒学院播音主持系教授，硕导。余超，山东师范大学广播影视语言艺术专业2018级硕士研究生。本文是山东师范大学教改重点项目"师范院校口才类通识课程体系建设"（项目编号：2018Z16）和"通识教育选修课程A类立项建设"（项目编号：2018TSKG19）的阶段性成果。

为进一步强化弹幕的影响力。

直播时代的语言传播往往会在第一时间得到互动，这与口语传播现实十分接近。在网络直播中，主播可以第一时间看到观众的评论，这会对主播心态造成很大的影响，但主播本身对弹幕也有极强的掌控力，由此可见，直播弹幕为一对多信息输出提供了即时反馈。不同于传统形式的播出，获得的反馈有限且滞后，使大多数一对多信息输出效果隔绝了观众的反馈和参与，而当直播播出者通过弹幕意识到观众会积极参与进来，甚至不时挑战自己的支配地位，便会产生一种通过调节内容或转变形式以获得认可的预期，使主播意识到内容的效果，以及需要采取哪些措施。据统计，2018年某日斗鱼和虎牙弹幕数据量，这两个平台的弹幕数量总和达4821.46万条，相当于每秒约56人发送了558条弹幕。

在直播中，观众和主播可通过弹幕直接互动，这给主播带来了巨大压力。这种无处不在的干扰和控制，使主播语言在弹幕影响下形成了拼接语块组织，同时，主播通过各种方式摆平闹事观众的冲动，以获得更多的流量。面对新的时代背景和语言使用需求，播音主持专业的即兴口语教学，应趋向于一个全新的语言教学模式构建。

一、弹幕时代播音主持语言教学遇到的问题

（一）发散性信息流遭遇碎片化语言观念

新媒体时代的信息传播，表现为一种传播与分享在"人的数字化"时代的融合。然而在播音主持专业的教学中，被学生提问最多的问题是：

——这次的采访对象比较特殊，我怎么提问才好？

——上台后搭档把我的话说了，临时组织不起语言怎么办？

——在外景报道中出现特殊情况，我反应不过来怎么办？

以上都是碎片化的提问；是"怎么办"的问题。老化的教学模式如何担负起新形势下的播音主持语言教学任务？当我们的教学对象过多关注的是语言"事实"而

非"规律"、是"碎片"而非"格局"时,这种提升就被限定在了一个较低的领域中。

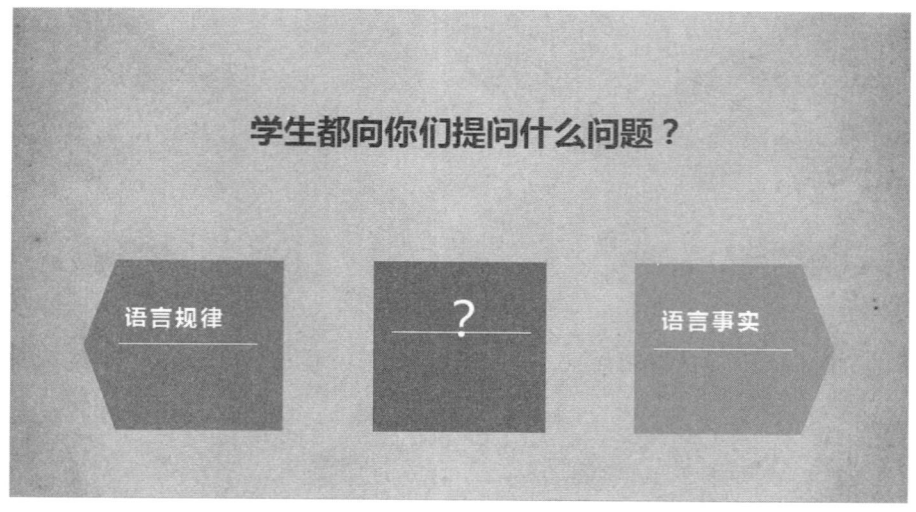

图1

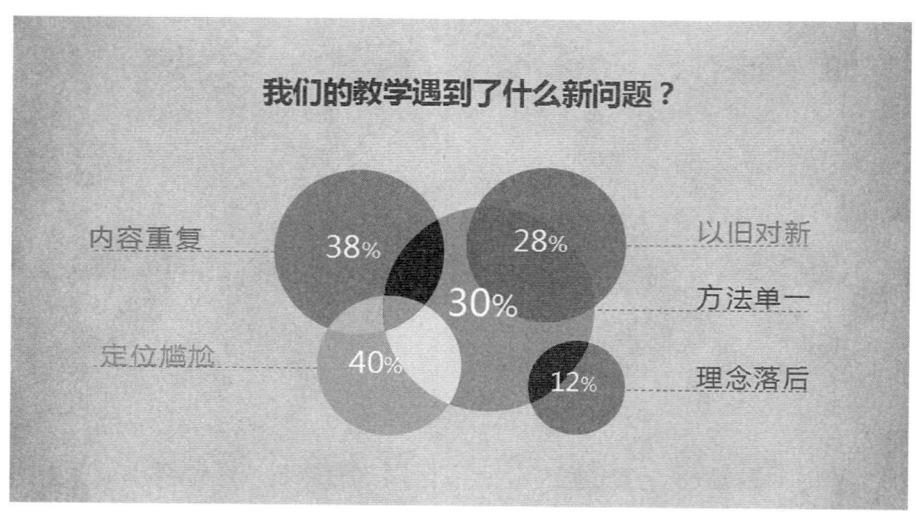

图2

在新媒体直播时代,信息沟通流与命令指示链更具发散性,信息的传播因循众多轨道,而不只是从主持人的口中自上而下的单向垂直传递模式。"弹幕"和"流量"的时代是典型的"后喻"时代,主持人的语言组接和使用要走在前列。然而,在播音主持即兴口语教学中,大多还是因循旧的讲练结合的教学形式。

弹幕时代下的传播与接收的高度互动的技术特点,对语言模式产生了影响,要求传播者必须适应受众的情绪和心理特征。传播主体和受众的相互融合,要求传播者从整体上适应受众的群体性特征,但"碎片化"的语言观念难以应对新媒体时代口语传播中的发散性的信息流。

(二)离散式话题趋向与一维性语言表达的矛盾

新媒体影响下的口语传播都是围绕用户出发的。主播呈现出"离散式"话题趋向:"离散"表现为分离的和不连续的特点,主播在言谈中密切地围绕用户需求来设置话题内容。由于新媒体的传播方式及效应,导致传播内容在选题上表现为从主流性话题到从众性话题,从话题范围的面面俱到走向缩小切入点,简言之,就是抓住用户的"痛点"。从传播方式上看,在传统媒体下,受众是单向接受的,但由于新媒体形式下传播的即时性,传播从单向性转变为互动性,呈现为"对话"式,受众的接受具有了即时性和公众权威性。从传播特征上看,新媒体的出现使主持传播实现了从共性化到个性化的转变。

新媒体语言的传播方式是以吸引人为上。从语言的传播体式来看,呈现为从书面传播过渡为口语传播样式的趋向。如今口语传播的语言模式就像是加了"诱食剂",类似饲养动物时添加的用于改善饲料适口性、增进食欲的添加剂。这些"开胃型饲料"成分可能是各种新词的组合,或者是各种语块的新型拼接,如央视主持人的段子式表达,"抖音"元素的掺入等。

按照新媒体传播需求而塑造的语言,有实体意义的词语较多,而表现抽象概念的词语用得较少。传播者需要表达比较复杂的抽象概念时,会换用实体词表示出来,这也是新型主持传播语言形态的表现之一。

思维是多维的,但语言表达是一维的。在新媒体时代,就出现了思维、需求和语言输出之间的矛盾。

二、直播时代即兴口语教学新思路的探索

人们在获取语言技能的过程中,使用较多的是借鉴行为主义的理论,将即兴口语学习视为刺激、反应、形成语言习惯的结果,它的教学模式是通过展示、练习、产出而完成的,即主要通过课堂示范、重复和控制性练习来培养语言技能。在教学

中，教师通过大量的模仿、替换等各种形式的操练，强化学生反应，巩固其所学的语言表达规则，帮助学生完成语言技能的提升。这些方法主要适用于播音发声、播音创作及配音教学等，但并不完全适用于即兴口语教学。播音主持专业学生在入校前对即兴口语的认知渠道主要来自播音艺考的两大形式：即兴评述和模拟主持。这两种形式由于都具有一定的套路性和话题性，所以绝大部分学生并未形成完整的即兴口语的语言格局。

要在新媒体时代的传播环境下，完成对本科学生即兴口语的教学，可以从以下三个方面完善即兴口语教学模式的构建：

（一）语境实操

在教学思路上，传统的以"教"为中心的即兴口语教学，应转向关注教学对象、学习策略等以"学"为中心的教学。强调教学过程交际化，可以通过强化语境在教学中的作用，培养学生的语言实际应用能力。主要教学过程可以分解为以下四个步骤：

步骤一"展示"：通过对话、图片、实物、视频等展示语言材料，适当讲解。

步骤二"语点练习"：从语言材料中抽出关键性语点或表达形式进行操练，使学生熟练掌握语言形式，为其在实际语境中的运用做准备。

步骤三"语境练习"：在具体设定的语言场景里运用已操练的语言形式。

步骤四"实际运用"：教师提供语境，让学生重新组织学过的即兴口语技巧，通过即兴采访、话语转换、扮演角色和紧急救场等方式，自由地表达自己的思想，满足语言运用的应变需求。

教学过程交际化，可以克服以往教学中偏重语言形式、忽视交际功能的问题，是较为科学、有效、实用的即兴口语教学方法。

（二）任务练习

绝大多数播音主持专业学生在日常生活中的语言使用和组接还比较顺畅，但一到重要的即兴口语表达环节就开始出现问题，这多是由于语言的使用场合出现脱节所致。在教学中强调表达的真实性、活动的任务性、交际活动的目的性等,可以帮助学生获得更深层的语言感悟,鼓励学生在学习过程中发现和理解自己的语言。任务练习可以包括一些结构性的语言活动,即聚焦语言形式的操练活动,强化学生对语言规则的使用。任务练习包括了"意识""吸收"和"自主使用"这三步的"意识觉醒活动":意识到即兴语言使用的特点,即意识;把这些特点融入即兴口语中去,即吸收;培养在实时和没有"支架"时运用语言的能力,即自主使用。

由于每个人对事物的理解都有所不同,对世界的描述和表达也各有各的认识,因此,需要通过与他人的交流来不断丰富和完善自己的理解。真实自然的教学任务应为学习者提供体验、发现和创造个性化语言的学习机会。

在播音主持艺考面试中,近年来频频出现的"论辩"形式以及"小组讨论"形式等,就是一种在完成群体任务的过程中寻找语言自我表达的意识觉醒活动。建立在"任务练习"基础上的任务型教学可以采用小组活动和合作学习的方式,把学生分成小组,以小团体合作的方式着手解决某一个问题,或达成一个共同的意向。其间,信息是流动的,从说话者到听话者,又从听话者回到说话者,交流双方努力填补信息沟,将不理解的地方、意见不一致的地方,通过小团体协商的方式来解决,共同完成练习任务。

(三)拆除支架

社会文化理论将学习过程置于社会语境中。根据这种观点,学习者是在社会环境中通过和他人交流来学习知识和获得技能的,学生首先需要经历"他人调控"阶段,也就是借助"更好的他人"的帮助,这就是为什么大多数学生在艺考之前要上辅导班来跟随教师学习,在进行即兴口语学习时,大多会借助老师提供的"当年的热点"以及"模板""套路"。这些东西,看上去是"偷懒"用的,其实是一种语言的"支架"。

在艺考即兴评述环节被滥用的"国家""社会""个人"的路子就是一个常见的"支架",不少学生把这个支架背熟且熟练运用之后,就以为自己已经掌握了即兴口语的全部内容,殊不知"支架"仅仅是即兴口语学习的初级阶段,也就是一个"蹒跚学步"阶段所借助的工具,确切地说只是一个"拐杖"。学生要获得完善的口语表达系统，就需要在后面的学习中逐渐拆除支架。

给学生提供一个单一的支架，不如提供一个互动的支架，通过教师或同伴的指导来使学生发现即兴语言的特征，并在交流中逐步内化语言特征，逐步地拆除支架，从而实现从他人调控到自我调控的自主学习。不少教授即兴口语课的老师，特别是培训机构中的即兴口语教师，也把这个"支架"当成了即兴口语的终极目标，虽然设置了"支架"，但是后期并未教学生如何"拆除支架"，这就使学生一直处于一个"半支架"状态。认知理论强调学习者在全面发展语言能力时，注意力不能仅集中在语言形式上。在基于任务的活动中，学习者必须把注意力合理地分配到语言表达的各个方面，如准确性、流利性、丰富性以及话语结构和语法结构的选择和使用上。语言体系并不是从外界照搬而来的，而是建立在自身经验的基础上，通过自身与外界的相互作用而自我建构的，是学习者主动建构内在心理表征的过程。

三、新媒体时代即兴口语教学整体格局的构建

在新媒体时代，找寻一种合适的话语形态和应用教学模式，有助于构建个性化的传播方式。新媒体时代的主持传播语言教学有这样一些新的方法值得借鉴：

（一）极简+拾遗+拓展+复式互动——新型言说体式的群体建构

新媒体中的口语传播应用模式，对应的是这样一种"对话"的"分享+交际"的传播模式。口语有"原生口语"和"次生口语"之分，原生口语指的是自然的原生态的口语[①]。如今，弹幕环境下的主持传播就具有向原生口语回归的趋势。当一个学术概念或主流观念需要借助媒体传递时，可能做出"俯就"的姿态，将语言表达碎片化的特征由高往低走。

新媒体传播影响下的主持传播语言表现形态并非以微观形式存在，而是以宏观整体形式存在于社会意识之中。在新媒体传播影响下，各种信息传播手段的多元化造成了语体的融合，语体的融合又促使传播时的表达更加契合语体的社会参与度。

---

① 姜燕. 汉语口语美学[M]. 济南：山东人民出版社，2013：65.

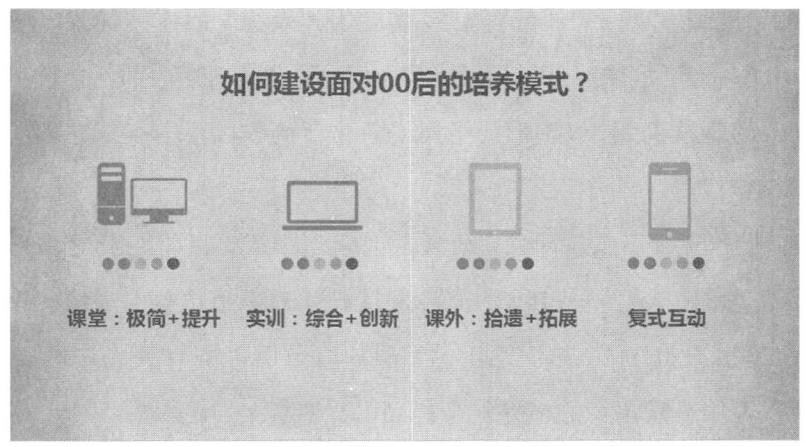

图3

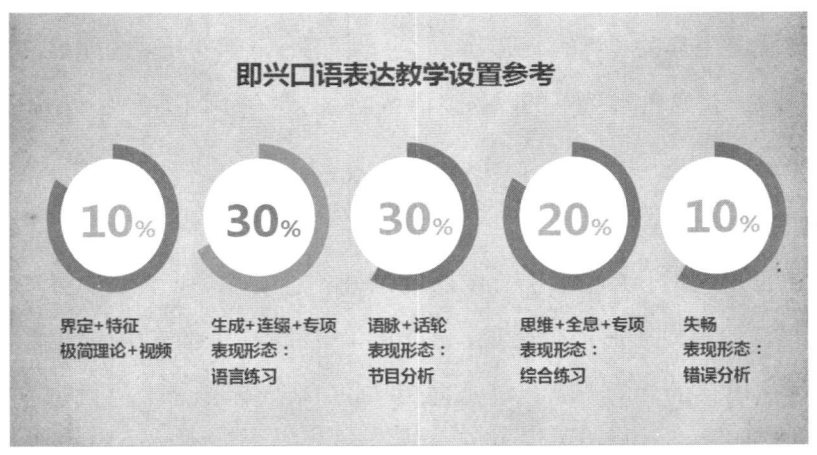

图4

"顶层语言"指自高端开始的一种主体语言,也指主流话语阶层的一种语言应用模式。每个时代都有标准语,先秦文献明确记载那时是"雅言",历来"雅"高于"俗";明代成为"官话",历来"官"也高于"民";后来成为"国语",内地称为普通话。顶层语言是书面语体,然而在新媒体时代,出现"顶层语言"的下移。

口语语体一般用语活泼舒展、词汇量丰富。近年来,出现言说体式的流行,包括"咆哮体""高铁体""回音体"等,均归入口语体。可以预测,随着"短视频"时代的到来,未来"直播体""弹幕体"也会逐渐弥漫,兴起新型言说体式的群体模仿。

一些严肃理论往往会受书面句式的影响,在节目播出时显得氛围肃穆,但在

"小微"时代,传播时就要"放低姿态",转变为大众喜欢的语体样式。未来传播的主体——00后一代,是伴随新媒体长大的一代,他们语料库内部元素极不稳定,随着"短视频"的推波助澜,许多旧的用词不断被新词取代,一些主流媒体在传播用语上也不断趋向新鲜和年轻化。

在这种情况下,播音主持即兴口语教学也应"提速",将即兴表达的理论概括成"极简"的概念,使学生"一口叼着馅",倾情投入对新型语言的适应大潮中。在即兴口语的快速生成教学中,拓展学生的语料库以及语言格的拼接方式显得更加重要。学生可以采用打破语言的格界限来提高语言创新能力。

(二)短句+单句+标记——形成口语语体自然传播模式

口语语体是语言的自然表现形态,它生动灵活,富于变化。这种形式逐渐渗透到公众传播中。在这种形势下的即兴口语教学,主要在于训练学生运用短句、单句和使用标记。

第一,短句教学。

短句比长句更适合口语传播。传播效果好的标志之一,就是让信息在一个单位时间内尽可能多地通过接收通道,让听众在尽可能短的时间内记住大量的有效信息。新媒体时代的传播语言逐渐趋向短平快。新媒体传播中的长句不如短句便于接受。长句化成短句可以有许多方法,如添补主语、重复谓语、增加停顿等。句子的长短是以用词的多少和结构的繁简情况来确定的,长句的定语、状语多,联合成分多,或某些成分结构复杂,内容含量大,不适合滚屏传播。这是口语传播规律的作用。

口语传播是一维的,即单向、不可逆的。书面传播,包括微信传播都是二维的、平面的。随着互联网的发展,直播的盛行,交流方式更加多元化,这种新媒体传播向"多维"发展。在大众传播中,口语传播主要还是"一对多"的形式,但网络媒介的信息传播是非线性的,这使口语传播摆脱了广播电视媒体的时间限制,新媒体受众对口语信息的接收不再仅仅是同时性的,还能在相继的时间中展开。口语传播在广播电视中占据的时间资源,在网络空间中被转化为空间资源,这使听众手中拥有了更为自主的选择权。

主流传播是需要很多时间的,特别需要整块的时间,但是,快节奏的社会和互联网造就的话语空间,降低了当下对口语传播的时间限制。传播者可以把整块的内容拆分成碎片,使它通常所依赖的主流话语形式,得以在新媒体传播中以网络空间的形式存在,打破时间限制,逐渐大众化、普及化。

在口语传播中,动态语境往往与文本话语产生矛盾,产生冗长且信息不明确的语言,解决方法是舍弃文本意识,提炼语点,用短句子进行表述。

生活语言表达的样式,经常是跟着思维飘荡的,表达者容易不考虑听者的跟随能力。符合播音主持场景的口语表达规律是短句传播方式,表达者在进行口语表达时,先将最重要的话概括出来,放在表述内容的最前面,让听的人有个"抓手",有一个总的印象,再往上挂修饰语,这样,听的人才更容易把握要领。

第二,单句教学。

即兴口语表达的迅速提高,可以通过高强度的单句训练来达到。口语语体的表现之二是多单句少复句,少复句是汉民族思维方式的直接反映,复句间关系不是靠形式上的标志。有些复句经常表现为一种歧义的结构,需要放到更大的语言环境中才能理解,比如"你不去,我去"这句话,既可理解为因果关系,也可理解为假设关系。

这种语言传播现象,在互联网+时代无疑更会强化汉民族的整体观。由于口语是思维的直接反应,人的思维是呈散点状辐射的,即多维的,而口语是单向的、一维的,这就容易造成表达者以平面铺陈的方式来表达思维,使听的人难以抓住重点,被表达者一些想到哪说到哪的内容拖得晕头转向。因此,要想快速提升即兴口语能力,训练单句表达十分重要。

第三,标记教学。

口语语体表现之三在于标记的使用。平面铺陈的表达方法,适合于书面语言,而口语是线性的。线性的话语要想让听的人抓住信息,就要加上"标签",也就是给线性表述贴上标记,标记的作用相当于给线性的语言流程加上了空间的标记图形,显得既鲜明而又重点突出,部分地规避了线性语言不能从宏观反映事物的弱点。"重复"就是"标记"的重要表现。老师可在教学中引入传统文化,如中国传统叙事中的"三叠式"结构，即古代口头故事创作演变而来的叙事形式，它是描写人物、事件时前后三次重叠变化的表现手法，"三叠"中的每一"叠"，都形式相似而内容层层递进，一层比一层精彩。

在教学中，还可以将通识课和专业课的内在脉络打通，使学生理解这种模式的形成跟口语的特征有密切关系，在口语传播中，情节的重复既可以帮助记忆，也可以理清语脉。

（三）语料库+语言格——复式语料库的重组

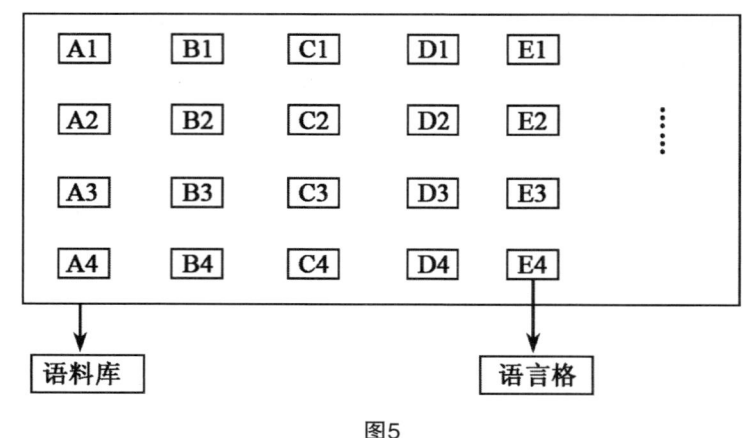

图5

每个人的大脑中都有个语料库，其中布满了一个个的语言格，在需要时取用。这些语言格的大小和位置都不很稳定，处在不断变化和漂移的过程中。语言表达清晰的人，语言格放置就比较规范和稳定，而且边界清晰。假如拥有这个语料库（图1-5）的人是一位网络工程师，那么A有可能是与其专业有关的网络名词，B可能是股票术语，C可能是旅行常识，D可能是饮食烹饪，E可能是体育……总之，这类语料分占了不同的语言格[①]。在新媒体的传播中，受网络影响，旧的语言格不断被新的语言格所取代，更新为新型的语体词汇，用法上也不断创新。如央视朱广权发布的一则天气预报：

你好，我是偏东路径的冷空气，最近挺想大家的，所以今天早上就迫不

---

① 姜燕.即兴口语[M].北京：中国传媒大学出版社，2018：28.

及待地从东北那边先进来了。一个没忍住,给吉林长春带来了今年入秋以来的首场降雪。3号,我要冻哭北内蒙古地区;4号,冻懵新疆、西藏地区……

观众评论道:我可能看了假央视……其实,观众并非看了假央视,而是新媒体时代的语言样态,就是这样的。

"复式"原是建筑学上的一个概念,此处,可借用来表达一种高跨度和多层级的传播方式。复式语料库就是围绕主流思想对语料库进行复式建构。复式表达体现为追求时尚、简洁、形象、以实代虚。"复式"语料库的构建表现为在新媒体传播影响下,语料库中语言格出现频繁更新,语言格之间的界限淡化,在口语语体影响下,语词的提取呈现出跨度大、拼接怪异和跳跃的风格。新媒体时代的播音主持即兴口语教学,重在组合新的语言格样式,构建新的语料库。

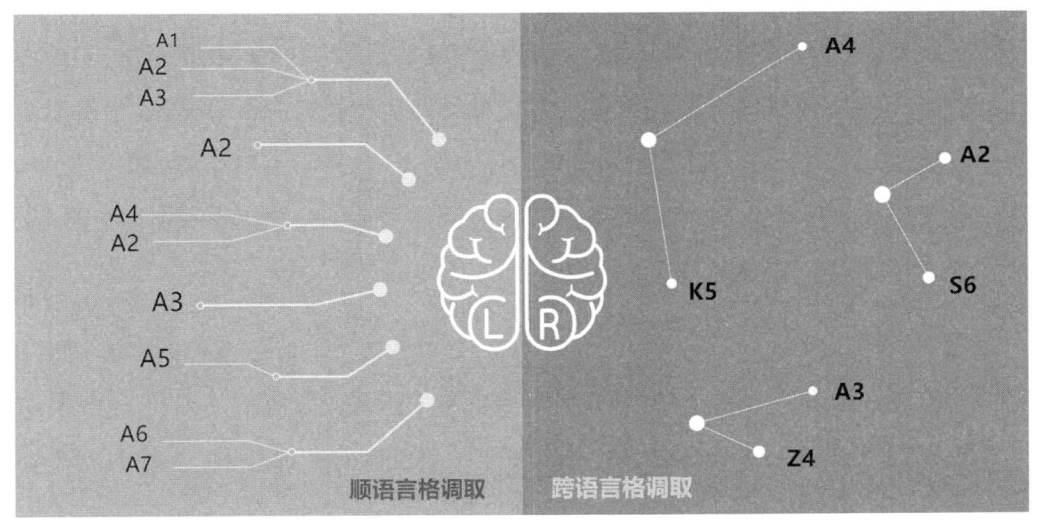

图6

语料库的构建练习可以通过"实词联想训练"来提高。[①]

(四)同声相合+反常合道——拓展口语表达审美空间

语言表达地别出心裁,会给人一种奇特又合乎情理的感受,这是近年来新媒体形势下,主持语言的发展趋向。这种奇特促进了语言出新,也导致一些"段子手"主

---

① 口语传播学.实词联想训练[EB/OL].https://mp.weixin.qq.com/s/lOyNgKr8_bS1SwovuhHCmw.

播的走红。这就是语言审美空间中对"韵"的追求效果。

播音主持语言的教学,往往止于"术""器",而不深入"法""道"。新时代的播音主持语言教学,应引入口语美学的理论做指导,这样才能给学生语言美的终极体验和从必然王国到自由王国的自然引领。以下为举两个理论例子:

第一,同声相合。

汉语言的音韵美就是通过对口语的具体组织、调度与安排,造成的某种独特的语言音响效果,由此,获得一种类似于音乐美的特殊审美意义。在这样的语言模式之下,听众感官得到释放。人的身体是衡量自然的最基础、最直接的依据,人体听觉接受与外在语言交换之间存在着一定的适宜性联系和非适宜性联系。"同声相应为韵"就是这种适宜性快感和肯定性情感在感受和思维中的积累,最终上升为美感。正如"地球不爆炸,我们不放假,宇宙不重启,我们不休息,风里雨里节日里我们都在这里等着你,没有四季,只有两季,你看就是旺季,你换台就是淡季。"近年来,央视等主流新闻媒体也是越来越注重借鉴新型语言样式,发布的内容不仅接地气,并且有着自己语言上的音韵审美创造。

表达者追求语言的音韵美,可以通过提升语感,用口语美学原理武装头脑,从而实现即兴口语的审美空间层面的使用。

第二,反常合道。

打破语言格的界限,应从口语美学的高度来指导。受众天生具有一种追求"趣"的天性,这里的"趣"指的是对于人性自然表达的一种喜爱,一种快意于心的欢乐之情,陶然之美。[①]从整体来看,"趣"是由表示动作行为与情态的一般词汇经过词性转化,从动作趋向向人的意志、心理取向引申而出,逐渐走到文艺审美领域中的。苏轼在《苕溪渔隐丛话》中写道:"诗以奇趣为宗,反常合道为趣。"这里说的"反常"可以理解为不合常理常规,日常用语别出心裁,异乎寻常;而"合道"则是说并不脱离内在事理,即这种别出心裁是合乎规律的,也就是说令人感受奇特而又合乎情理才叫"趣"。"反常"以"合道"为前提,"合道"求"反常"为创新,两方面相辅相成,引起强烈的审美心理趋向。新形势下的主持人语言的偏离以及变异,就是这种"反常合道"的

---

① 姜燕.汉语口语美学[M].济南:山东人民出版社,2013:204.

具体表现。变异的产生,"不是由于物理的和生理的信息得到准确的再现,而是物理的和生理的信息与人特有的情感信息发生了特意地重组,美就孕育在这内外信息的重组过程中。"①一些语言上的偏离搭配就是"反常合道",这也是产生变异之美、吸引受众的重要手段。

"反常合道"可以通过即兴口语中的"陌生化"练习来达到提升的目的。②

结　语

在互联网飞速发展的新形势下,各种在线互动平台等新媒介的出现,使新型语体传播形式也走向多元化和多样性。新形势下,主持传播语言特征是书面和口语的中和,雅典和通俗的杂糅。官方媒体在自媒体霸屏环境中也采取了放低姿态倾听民声、强化互联网思维、以清新个性的口语化方式诠释主流观念等应对措施。

基于此,在新媒体时代,主持传播语言教学中应重在"语言格局"的培养,而非限于陈旧的、碎片化的"语言事实"的提升。因为"语言事实"相当于一枚枚的棋子,而"语言格局"才是一个大的棋盘。只有在新媒体时代,于"语言事实"和"语言规律"之间,架起"语言格局"和"语言直觉"的桥梁,才能培养出能够适应新形势的播音主持专业人才,从而在直播形式汹涌澎湃之时,使播音主持从业者的语言矗立于潮头,并从容迎接新时代的传播挑战。

---

① 骆小所.略论变异修辞语言产生的心理基础及其美学意义[J].昆明师范高等专科学校学报,1989(04).
② 姜燕.即兴口语[M].北京:中国传媒大学出版社,2018:275.

提升审美品位 夯实专业基础
——播音主持基本功教学的美学阐释

◎ 范　藻*

摘要："用心吐字，用爱归心"是针对播音主持艺术专业训练和播报实践的语言要求，这其中所包含的情感、气息和声音，为有声语言的三要素，用生命美学的视角观之："情"——表达生命意义的抒情，"声"——显示生命价值的发声，"气"——维持生命存在的运气。这三者不是孤立无援的，也不是各自为政的，而是呈现出生态式的协调状态与和谐意蕴。具体而言，就是情以运气：建构播音创作的价值内核；气以托声：夯实播音创作的物质基础；声以传情：完善播音创作的语言形式。

关键词：生命美学；播音创作；情以运气；气以托声；声以传情

"用心吐字，用爱归音"是播音主持专业和新闻传播事业，乃至有声语言行业的一句耳熟能详的名言和金科玉律的圭臬。对此，或许我们已经有了播音学的准确解释、语言学的专业解说、传播学的社会解答和艺术学的审美解读。但如果当我们尝试用美学来阐释时，那将获得什么样的启迪呢？说到美学阐释，当然不是概念王国里经院哲学的古典美学，而应该是意义范畴内现代哲学的生命美学。

当我们用生命美学的概念指涉和价值尺度、意义反思和理想追寻，来领会和理解、诊断和厘定"用心吐字，用爱归音"时，其先决条件是必须明白播音创作与生命美学之间究竟是一个什么样的关系。

作为艺术追究的播音创作是以情感为动力、以气息为依托、以声音为表现的大众传播形式；视为哲学领域的生命美学是以自由为鹄的、以澄明为境界、以形式为呈现的人类生活内容。与其说这是一组传播形式与生活内容的关系，不如说这是一个语言表现与生命意义的关系。不论是马克思的"语言是思维的直接现实"，还是海德格尔的"语言是存在的家园"，也还是索绪尔所谓的语言"能指"与"所指"的

---

* 范藻（1958—），教授，副院长，主要研究方向：美学及文艺评论。本文为四川省教育发展研究中心 2018 年度一般课题《"新时代"播音与主持艺术专业人才培养目标的研究》，课题代号：CJF18046。

构成，语言已不仅是社会生活的工具，而且是生命意义的载体。作为大众传播媒介的有声语言，它产生的已经不仅是"广而告之"的客观存在和社会效应，而且是"言为心声"的主观意向和生命效能。以生命存在之超越、生命意义之自由和生命境界之澄明为主旨的生命美学，正如当代中国生命美学的领军人物潘知常教授所说的那样：

> 美学是一门关于进入审美关系的人类生命活动的意义阐释的人文科学。其中的审美活动的定义是：审美活动是一种自由地表现自由的生命活动，它是人类生命活动的根本需要，也是人类生命活动的根本需要的满足。美学之为美学，研究的无非就是生命超越的问题。对于人类在人类生命活动中最为普遍、最为根本的进入审美关系的人类生命活动的意义阐释，无疑应该是美学研究中的一条闪闪发光的不朽命脉。因此，美学可以简单地概括为：生命美学。它关注的是"人的生命及其意义"，是审美活动与人类生命活动之间关系的意义阐释。[①]

以承担真善美追求使命的播音创作而形成的语言传播艺术，在本质属性上是人类的审美活动的体现。不论是创作主体还是接受主体，都是人的生命活动在语言领域内的实践活动，特别是作为创作主体的播音员和主持人，要有效利用创作个体的生理优势，要尽量激发其内在的心理能量。创作主体要充分发挥生命创造的能动性，就应当正确而辩证地理解并处理好情感、气息和声音的含义及其关系，从而在有声语言的范畴彰显"人的生命存在和超越意义"。

一、情以运气：建构播音创作的价值内核

"情以运气"中的"情"既是中国古代伦理学的重要范畴，又是人类艺术学的核心概念。《荀子·正名》："性之所好恶、喜怒、哀乐，谓之情。"《毛诗序》："诗者，志之所之也，在心为志，发言为诗，情动于衷而形于言。"《乐记·乐本》："情动

---

① 潘知常，范藻. 我们是爱美的人——关于生命美学的对话[J]. 四川文理学院学报，2016（3）：17.

于中，故形于声。"《与元九书》："感人心者，莫先乎情，莫始乎言，莫切乎声，莫深乎义。"这些都说明了"情"不仅是文学艺术的本质规定，而且也是语言传播的人文精髓。离开了情的存在，不仅文学艺术荡然无存而生灵惨然，而且语言传播也形同朽木而生意黯然，同时，情还是运"气"之动力所在和发"气"之目标所指。播音员和主持人在面对话筒和听众进行的语言活动，绝对不是像日常生活中那样随意和率性，也肯定不是像普通人际交流时那样随便和自然，一定要在正确而先进的理念指导下，带着对真善美的向往和对假恶丑的憎恨之情，充满对传播内容的真切理解和工作岗位的真诚热爱之情，建构起传播理念和播报意图的价值内核。这种以"情"为核心和规定的价值内核，既是指社会主义核心价值观所体现出来的我党的执政理念、施政方针，也还是人类文明积累和传承的正义与崇高、自由与平等、博爱与宽容等内容。

作为一个灵肉一体的生命存在，不论是同他人的交往，还是与世界的沟通，都需要借助语言的工具才能实现：用语言倾诉内心的想法，用词汇传递存在的感受，用声音塑造个体的形象。而作为大众传播代言人的播音员和主持人，依托的是个体生命的生理之气和生灵之情，即所谓的"情以运气"。这里"情"的欲求能促使并激发"气"的运动，进而发出声音。于是，我们不得不回答这样一个问题：在播音创作中，"情—气—声"这个闭合系统里或循环构成中，"情"处于什么样的地位。笔者认为，就"情以运气"而言，它是起点，就"声以传情"而言，它是终点，总之，"情"都是贯穿播音创作的整个过程的。那么，为何说"情以运气"是播音创作的起点呢？众所周知，人借助身体组织的所运之"气"来发出声音，而要使这个声音具有一定的意义、产生相应的价值，就须得预先赋予这个声音以"情"——情理与情志、情义与情意、情态与情愿、情操与情节等。这里的"情"已超越或大于了文艺范畴的喜怒哀乐的狭义之情，而具有了人伦道德、社会理想、科学精神、哲学意识，乃至时政观念等内涵，这也是我们常常把思想与感情并列为"思想感情"的原因。"只有思想感情处于运动状态，才能带动气息、声音处于最佳状态，使深刻的思想内容和丰富的情感分寸恰当。思想感情的运动是播音创作十分重要的先决条件，同时也是判定播音员播音质量高低优劣的重要依据。"[①]

---

① 高国庆. 播音主持美学论纲 [M]. 北京：中国传媒大学出版社，2013：7.

如何在"以情运气"中，建构起播音创作的价值内核呢？首先，要明确播音创作的目的。播音创作的目，大而言之，就如毛泽东在《延安文艺工作座谈会上的讲话》中所说的那样："很好地成为整个革命机器的一个组成部分，作为团结人民、教育人民、打击敌人、消灭敌人的有力的武器，帮助人民同心同德地和敌人作斗争。"① 也如习近平同志2016年1月19日在"党的新闻舆论工作座谈会"上所讲的那样："高举旗帜、引领导向，围绕中心、服务大局，团结人民、鼓舞士气，成风化人、凝心聚力，澄清谬误、明辨是非，联接中外、沟通世界。"② 小而言之，就是通过播音的二度创作，准确而传神地传达出原文的思想观点和精神实质。如夏青1954年播送新中国的第一部《宪法》，齐越1966年播长篇通讯《县委书记的榜样——焦裕禄》，播音员正是带着对祖国的自豪、对英模的赞颂之情而投入播报，使它们已成为播音史上的经典。其次，要挖掘播报对象的内涵。由于播音是将书面的文字转换成口头的语言，因而曾一度不恰当地将播音视为"念文稿"，只要不出差错就行，而忽视了对文稿内涵的挖掘。那么，如何挖掘文稿的内涵呢？除了最简单的念准文字读音、明白词语含义和掌握句子语法、理清行文逻辑外，还要通过文稿的内容，领悟字里行间所体现出的文稿的思想内涵、生活场景、时代背景，还原文稿要再现或表现的生活场景，想象文稿背后的真实情形，揣摩作者或人物的心理或意念。因为，组成文稿的一个个文字是固定而规范的，而转换为口头语言后，在口语停连、重音、语气和节奏的处理上，都会因人而异地"以情运气"。再次，要调动播音创作的情绪。当年齐越同志一拿到穆青才写的《县委书记的榜样——焦裕禄》时，脑海里就立即浮现出自己到基层锻炼的一幕幕景象，越看越激动，内心涌起一股急于播送给全国听众的强烈欲求，这种崇敬景仰之情使他在录播这篇通讯时，气韵十足，声情并茂，数次泣不成声而暂时中断了录音。这说明，只有充分调动了播音员创作的情绪，才能对播报的内容和对象一往情深，使播报状态气势充足而情感饱满。

---

① 毛泽东选集 [M]. 北京：人民出版社，1964：500.
② 习近平在党的新闻舆论工作座谈会上强调：坚持正确方向创新方法手段，提高新闻舆论传播力引导力 [N]. 人民日报，2016—2—20（1）.

二、气以托声：夯实播音创作的物质基础

不论是"情以运气"，还是"气以托声"，其中的"气"是中国古典美学中的一个含义丰富而深远、意蕴宏阔而周延、感受强烈而生动的概念。"气象万千"是指自然的流变，"气冲牛斗"形容力量的巨大，"气断声吞"说明语言的无力，"气韵生动"揭示艺术的神味。庄子曰"气也者，虚而待物也"，孟子曰"养我浩然之气"，曹丕说"文以气为主"。"气"以其自身独特的内涵和深刻的命意昭示了中国美学的生命活力、生命精神和生命意蕴，"而气本身就包含着的自然生命和精神生命，是人的感性生存和理性精神的统一。气所表达的就是充满了生生不息的生命活动和精神活动追求，是对真力弥满、自由无拘的生命意义的体认和追求。"[①]如此的"气息"饱满、"气力"十足、"气势"磅礴，尽管富有精神的毅力和情感的张力，但是在本质意义上，"气"依然是一种物质的力量，在"生气勃发"而让生命充满活力的同时，"声气响亮"而成为承载播音创作的物质基础。由此可见，"气以托声"之"气"，绝不仅仅是发音的声气和说话的气息，在生命美学的视域中，它应该成为托起声音，甚至托举生命的初春的暖气和生灵的阳气。

从声音物理学的角度看，人的发音是呼吸的气息经过肺部积聚后，在腹肌横隔的调节下，借助胸腔、咽腔、鼻腔、脑腔的共鸣，尤其是口腔的共鸣后发出的声响。其中，具有生命表征的"气"，不仅是通过"器以畅气"的呼吸流量以维系生命的存活状态，而且是经过"气以托声"的声音形式以彰显生命的存活质量，尤其是有着艺术追求的播音创作，彰显的不仅是播音员自己的声音状况，是否气息饱满、中气十足，进而声音洪亮悦耳，更是文稿所蕴含的主题思想和情感内容。这也体现为不同的语言样式，如语气庄重的宣读式、语气奔放的朗诵式、语气平缓的讲解式、语气自然的谈话式。气息之所以是承载播音创作的物质基础，是因为声音在有效运用"丹田之气"而发出并表现的过程中，如高国庆博士所言，存在着两种气息形态：一是在无意识状态中进行的"情喜则气满、情悲则气断、情惧则气提、情急则气短"的"自然气息"；二是在一定理念规训和引导下有意识运用的"艺术气息"，这

---

① 寸悟."气"之审美视域—中国古典美学范畴研究[J].宝鸡文理学院学报（社会科学版），2007（8）：71.

"不是单纯的呼吸状态,而是播音员、主持人表情达意的一种手段,是播音主持创造者思想感情的一种物化形式,在声音中传递着思想感情信息,融入创作者的主观因素,并彰显播音主持创作者鲜明的个人特色。"①播音创作者只有明白了气息与声音的关系,才能在播音创作的过程中,有意识、有目的和有方法地训练自己的气息,进而让发出的声音珠圆玉润并产生金声玉振的效果。

我国现代著名曲艺理论家陈汝衡先生在《说谭》一书中说道:"夫气者,音之帅也,气粗则音浮,气弱则音薄,气浊则音滞,气散则音竭。"这生动地揭示了"气"对"音"的决定性作用。那么,如何更好地、更科学地做到"气以托声"呢?首先,要学习运气技巧。通常所谓的"情为气之本,气为音之帅",对播音创作的发音而言,是说在情感促动和引领下的非自然而随意的声音,因此,在运气过程中如何调节呼吸就显得格外重要了。尽管我们知道诸如要运用胸腹联合呼吸、要以慢呼吸为主以及做到呼吸无声,但是,在具体实践中,一定要结合每个人的身体状况和性情特征,并结合备稿内容,做好对文稿的理解和对自己心理状态的调节,尤其是要结合具体文稿所提供的语境,灵活地运用运气技巧,否则只是为运气技巧而运气,将会买椟还珠。其次,要掌握语气规律。有声语言的"语"之所以能发出音来,关键是气的推送作用。对此,张颂教授说道:"气,是人们生存和生命的标志,'停止呼吸'就意味着生命的结束;'以气养生'正说明了精力的旺盛。在朗读中,气息的多少、吸气的深浅、呼气的快慢、用气的显隐,都是十分重要的。"②气息的运用是建立在对语气与语调、语气与语速以及语气与语境等规律地正确掌握和恰当处理之上的:其一,语气的大小直接关系到声音高低轻重的语调,而由于气息的强弱关乎着一个人生命状态的健康程度,因而语调的效果就不仅是一个声音的物理问题,而应该是声音的发音质量问题,高质量的发音应体现为:高而不尖利,低而又饱满,轻而不飘浮,重而能控制;其二,语气的控制也关乎着语速的快慢,人在语言交流中不可能一直都是"粗声大气",这也不符合生命的正常形态,因为人在语言表达中语速总是有一定的轻重缓急节奏的,只有有效控制语气的大小,才能合理运用语速节奏;其三,语气的变化与所传播和表达的具体语境相关。这里的语境指的

---

① 高国庆.播音主持美学论纲[M].北京:中国传媒大学出版社,2013:77.
② 张颂.朗读美学[M].北京:中国传媒大学出版社,2010:76.

是文稿的体裁、主题、风格等文本样态，如播新闻与播广告、播表扬与播批评、播豪放与播婉约等。不同的语境，需要不同的语气。这即说语气与语境息息相关。要使播音中的语气达到最佳效果，就必须充分考虑语境。

三、声以传情：完善播音创作的语言形式

声以传情的"声"，可以理解为播音创作的语言形式。那么，它和"音"的异同又在哪里呢？《说文解字》认为这二者是可以互训的：声即音，音即声。《乐记》也说道："凡音之起，由人心生也。"这似乎是说，音是"言为心声"的；但接下来它还说道："人心之动，物使之然也。"这强调的是外物促使心动；接着它又说"感于物而动，故形于声。"至此才揭示了"人声"是"外物"与"心动"相互促成的产物，而单纯的"发音"是人的本能的自然现象；紧接着它又进一步阐述道："声相应，故生变，变成方，谓之音。"这说的是各种声音相互应和，由此产生变化，由变化而形成条理次序的"音"。经过这一番"声"与"音"的几近烦琐的论证后，其实又回到了有声语言的起点，声即音，音即声。只不过此时不论声也罢、音也罢，都是按照一定的规律和方法而"变成方"了，塑造成有声语言的美的形式了。这也是清代大学者段玉裁在《说文解字注》中所阐释的："声生於心有节於外谓之音。"总之，在具体的语言实践中，声更多地偏向于道白之说，而音则比较倾向于歌吟之唱。我们探讨的声以传情，重点是在用什么样的声来传情，即如何从美学的意义上完善播音创作的语言形式。

播音创作不仅是语言艺术的呈现，而且是生命美学的体现。就播音创作艺术而言，如果说"气以托声"的所托之声一定是有意味、有意义和有意识的声音，那么，"声以传情"的所传之情必定是有温度、有浓度和有厚度的情感，此之谓"有情"之声；就播音创作的美学而言，如果说"情以运气"所运之气关乎着生存、生活和生命的元气，那么，"声以传情"所用之声关涉声响、声色、声韵之声，此之谓"有形"之声。如前所述，从一般的表述而言，虽然我们对"情"的含义有了比较全面而准确的理解，对"气"的意义也有了比较充分而深刻的阐释，但是我们对"声"的语言形式，还缺乏正确而深入的阐述。就一般感觉而言，我们常常忽略有声语言

的形式，或仅仅满足于说得明白和听得清楚。可是，当我们把有声语言视为传媒机构的大众传播媒介后，为了有效地实现传播意图，就要求播报人员要准确、生动和形象地表达传播主体的思想感情，尤其是当我们把这种语言视为艺术的时候，那么，作为艺术表现的直观因素就是形式，而播音创作的形式及其艺术表现和美学追求就是语言的表达，这必然要体现在停连、重音、语气和节奏的有声语言表达上，因为这最能彰显汉语语音听觉效果的美感；然后才是外部技巧和眼神、表情、体态以及服饰等副语言呈现。

众所周知，归音吐字是有声语言最讲究的发音方法。这是根据汉语语音的特点，把一个音节的发音过程划分为了咬住字头的"出字"、饱满字腹的"立字"、归音到位的"收字"，要求发音者在每一个阶段必须精心控制，逐渐习以为常，使每一个字或音节的发音都字正腔圆而又珠圆玉润。著名语言学家王力先生指出："语言形式的三种美——整齐的美，抑扬的美，回环的美——总起来说就是声音的美，音乐的美。由此可见，只有有声语言才能表现这种美，纸上的文字并不能表现这种美。"[①]借助这三种有声语言艺术的美的形式，才能准确生动和形象地表现声音的情韵与情蕴、情义与情意，反过来也才能更好地完善播音创作的语言形式。一是，所谓"整齐的美"，它是根据汉语与汉字的对应关系而形成的"一字一音"的单音节字音效果。这要求发音吐字在声韵调准确的基础上，做到顿挫自如，琅琅有声，字字珠玑，声声玉润。当它广泛地运用到对重要公告的播报、重大事件的发布时尤其如此。如著名播音艺术家夏青在"声以传情"上，就将语言艺术的形式美发挥到了极致，1954年庄严宣读《中华人民共和国宪法》，1976年沉痛发布毛泽东主席逝世的《告全党全军全国各族人民书》，1981年在党的十一届六中全会上宣读《建国以来若干历史问题的决议》。二是，所谓"抑扬的美"，它是根据汉字与读音的耦合关系而形成的"一句多调"的复合型句音效果。它表现出汉语特有的阴平、阳平、上声、去声的调类，以及高平调、中升调、曲折调和全降调的调值的音声特点与规律。这也是格律体诗歌中的平仄相谐、粘连相应和对仗相向的声调美在有声语言创作中的体现，从而形成具有艺术情调的高低谐和、起伏有致、流畅婉转的声音效果。

---

① 王力. 龙虫并雕文集第一集·略论语言形式美 [C]. 北京：中华书局，1980：469.

三是，所谓"回环的美"，它是根据读音与字句的组合关系而形成的"多语多调"的整体性语音效果。这种回环的美是字词与句段、句段与篇章在语音表达上形成的重复与叠加、延展与扩散的听觉效果。它既可以体现于字与字的音节美或者句与句的声韵美，也可以体现于在前面二者的基础上而构成的一个段落或一篇文章的听觉美感。这就是我们通常说的"余音绕梁"。

围绕"用心吐字，用爱归音"的经典命题，当我们不是用"解释世界"的传统美学，而是用"改造世界"的生命美学予以透视和阐释时，便发现了其中与生命息息相关的三个关键词："情"——表达生命意义的抒情，"声"——显示生命价值的发声，"气"——维持生命存在的运气。这三者之间不是孤立无援的，也不是各自为政的，而是呈现出生态式的协调状态与谐和意蕴。如果说在"情以运气"中，"情"是引领气息的价值内核，那么，在"气以托声"中，"气"则是托举声音的物质载体，进而在"声以传情"时，"声"就是传达情感的语言形式。如此递进勾连和循环往复，波浪式前进，螺旋式上升，从而对有声语言的表达不仅有实用性指导意义，而且有艺术性引导价值。它们所构成的三个维度关系，完成并建构的是一个循序渐进、承上启下、首尾衔接的闭合式动态体系：情以运气——气以托声——声以传情。具体而言，它们呈现出如下的运行图：

情以运气：带着播音创作建构的价值内核——情，即在情的驱动下酝酿饱满有力的气息；

气以托声：依托播音创作夯实的物质基础——气，即在气的吐纳中发出字正腔圆的声音；

声以传情：借助播音创作完善的语言形式——声，即在声的运用中吐露高尚真诚的情怀。

为此，张颂教授的这段话，可谓一语中的！

> 我们应该从美学的高度来对待、来处理播音中的情、声、气，否则就会有意无意地走上自然主义的歧途。必须使听众得到美感享受，播音才能作为一门语言艺术自立于各门学科中，并作为一种艺术珍品列于人类艺术宝库里。从情、声、气的角度说，这艺术珍品一定要给人们以深思遐想的天地，一

定要有引人入胜的艺术感染①。

的确，我们的播音员和主持人，乃至所有的有声语言工作者，在职业的经历中，在事业的追求中，在生命意义的实现中，都应全身心地投入"用心吐字"，真爱演绎"用爱归音"。我们之所以要对"用心吐字，用爱归音"进行一番美学的，尤其是生命美学的阐释，其根本原因还不在于这八个字具有感性生命的听觉美感，而在于它在有声语言的艺术性传播中，让传播的主体和接受的客体，都无不充满着生命的执着与投入精神，饱含着生命的沉醉与超越情怀，洋溢着生命的关切与博爱境界。正如潘知常在《生命美学论稿》中说的那样："生命美学要追问的是审美活动与人类生存方式的关系，即生命的存在与超越如何可能这一根本问题。换言之，所谓'生命美学'意味着一种探索生命的存在与超越为指归的美学。"②

是的，在包括有声语言在内的所有意义领域，作为理论形态的生命美学从不给人以虚幻的承诺，它只是引领我们追求生命的美好梦想。诚如张颂教授在《中国播音学》绪论中所写的最后一句话：理论是历史的结晶，理论更应是未来的大纛！③

---

① 张颂. 情声和谐启蒙录 [C]. 北京：北京广播学院出版社，2004：14.
② 潘知常. 生命美学论稿 [M]. 郑州：郑州大学出版社，2002：40.
③ 张颂. 中国播音学 [M]. 北京：中国传媒大学出版社，2003：3.

媒介融合背景下播音与主持艺术专业人才培养的教学改革

◎ 肖 潇 安龙飞*

摘要：在媒介融合的社会发展趋势下，各种新兴媒体如车载移动电视、手机电视等具有广阔的发展空间，因此需要大量的专业型人才，这既是机遇，也是挑战。新媒体的发展带动了播音与主持艺术专业人才的就业，但同时这也对高校播音与主持专业的建设产生了结构性的影响。播音与主持艺术专业应秉持着什么样的可持续发展之路、怎样拓展专业应用型人才的培养路径，本文从"融媒体时代"主持人的角色定位、发展现状及未来的发展瓶颈进行分析，探索出融媒体时代下播音与主持艺术的嬗变与重建之路。

关键词：媒介融合 播音主持 人才培养

播音与主持是培养专门从事媒介传播活动方面人才的一个专业。其经过时代不断的发展，已经为广播以及电视领域培养出了大批的优秀人才，逐渐形成了一套科学、全面以及系统的理论体系。但是随着社会的不断发展，在媒介融合的全新社会需求及发展中，传统的教学理念以及教学模式受到了严重冲击。高校如何更新播音与主持艺术专业的教育理念与方法以达到社会对媒体人的新要求；在媒介融合的社会发展趋势下，播音与主持艺术专业教育应秉持着什么样的可持续发展之路、怎样拓展专业应用型人才的培养路径等，这些问题是目前高校播音与主持专业亟待解决的问题。

一、关于"媒介融合"的概念

类似于文字、声音、画面等传统的传播技术，在数字化的推动下都以极快的速度转变成计算机可读的数字形式，形成了集音频和视频等各类信息模式于一体的

---

* 肖潇，哈尔滨师范大学传媒学院副教授，研究领域：播音与主持艺术、广播电视艺术、新闻传播。安龙飞，哈尔滨师范大学传媒学院研究生。

多媒体传播手段。在这个发展背景下，人们逐渐地了解了媒介融合。为了达到高质量的生活质量与发展水平，作为信息的几大载体，如互联网、电视、报纸、广播等都在逐渐转变原有的发展模式，改变了传统的分离以及割裂状态，转而逐渐进行整合。但就目前来看，不管网络技术或数字技术发展到什么样的高度，媒介融合更多的是侧重解决向多媒体信息方向发展的问题，其最终目的在于使人们可以通过更加快速的方式收取到各类所需要的信息内容。通过互联网地传播与数字化技术地应用，首先产生出了网络化媒介，诸如电子报纸、手机报纸、网络广播电视等，这些产品就是"媒介融合"的成果。

媒介融合的内涵是媒介传播技术的融合。其核心是网络与数字信息技术的发展。传媒平台的融合主要体现在技术层面上，所有的媒介产业会共同享有传输语言以及技术环境；媒介产品的融合主要体现在电视节目、音乐、电影、网络游戏、网页等不同形式的媒介通过现代技术增强它们的互联性以及互换性；媒介企业的融合主要体现在如美国在线收购了时代华纳，成为一家巨大的多媒体集团，它利用其平台优势以及众多的用户，以丰富多样的信息和娱乐产品来占据市场；媒介市场的融合则主要体现在原有的产业领域的重组，整合了同类媒体。

学者们从不同的角度对媒介融合进行了研究，如从媒介文化融合方面进行研究、从技术融合方面进行研究、从新闻采编技能融合方面进行研究等，这些研究角度基本覆盖了与媒介相关的不同方面，也涉猎到了媒介传播与经营的各个角度。但学者们对如何界定"媒介融合"的概念还没有比较一致的定义。

伊契尔·索勒·普尔教授在其著作的《自由的科技》中指出，"我们现在可以通过一个媒体就能享受到过去多个媒体所提供的服务。同时也可以通过不同媒体享受过去一种媒体所提供的服务"。他的这个研究角度是建立在数字化的产业融合这一方面来解释媒介融合现象的，他指出了当今各种媒介集多种功能为一体的趋势。

美国学者安德鲁·纳齐森依据媒介经营的不同角度，将音频、互动性数字媒体组织等媒体之间的操作定义为媒介融合。他主要是想突出各媒介间的联合，而媒介之间的合作模式是媒介融合最应该关注的地方。

根据上面两位学者对媒介融合的界定，我们可以看出，媒介融合是一个统一且连续的过程，它涵盖了平台、技术、产品、经营等不同方面。媒体战术性融合就是集成了一个多媒体数字平台。

随着融媒体时代的到来，不仅是技术与产业的发展，更是人才市场的机遇与挑战。随之而来的人才需求量也将呈现同步增长。我们可以预见，融合后的人才需求增长至少在3倍以上，如果再加之上下游产业的共同发展，整个市场对人才的需求量将呈现井喷式增长。但人才需求量的暴增，并不代表所有人才都符合全媒体时代下的人才需求，不同媒介平台对人才需求的侧重也不尽相同。

二、媒介环境变革对从业人员的影响

媒介的多元化发展影响了与之相适应的媒体人的多样化。过去，介于传媒业存在的特殊性，媒体工作不会使用那些没有经过专业培训的人来工作，而这些稀缺专业型人才也从来没有过就业压力和职业压力。一些经过专门学习新闻传媒专业的毕业生能够很容易地找到与之相关的传媒工作。但是今天，在新老媒体相互竞争、媒介大融合以及频道越来越专业化的环境中，诸如法律、财经、体育等不属于传媒业的其他领域的专业人才也被吸纳到传媒行业，进行播音、主持等工作，如著名主持人朱军、杨澜、白燕升等均不是专业学习播音主持出身的，但他们却依然受到了观众的喜爱。因此，随着行业的不断发展，许多没有受过专业播音主持训练的人进入到传媒业，这对高校专业播音与主持教育产生了极大的影响。

如今，对主持人的要求依据不同的媒体环境有所不同。例如，报刊或网络媒体的主持人不能模仿电视台主持人。因此，对主持人要求不仅是要侧重于主持人的采访、策划、编辑及组织能力，并且要求主持人也要对新传媒专业技术非常的熟悉。此外，不同媒体环境对主持人的专业知识以及个人阅历也是有不同要求的。

三、我国播音主持专业教育的发展现状

我国播音主持专业课程分为专业必修课、公共必修课、选修课三大类，专业必修课是影响学员技术成型的关键、公共必修课是影响学员理论成型的关键，选修

课是辅助学员理论、技术、艺术修养等进一步提升的关键，其中，对播音主持学员日后风格成型最关键的因素是专业必修课。根据《中国播音学》的理论体系要求，专业必修课要囊括：播音主持业务素养培育、新闻学与传播学领域知识拓展、艺术鉴赏与文学修养塑造三大板块，这三大板块又囊括了：电视、主持、表演、形体、美学、心理学、语言表达、现代汉语、古代汉语、新闻写作、基础写作、媒介研究、外国文学、音乐欣赏、播音与主持、普通话语音、播音发声学、传播学概论、播音创作基础、广播播音学、新闻学概论、新闻采访学、艺术学概论、中国现当代文学史、中国古代文学、新闻道德与法规、影视造型与化妆等27门课程。这些课程中播音主持业务素养占据了大部分的课时，甚至可以说所有现开设课程都是对播音主持业务素养课程提供的"养分"。例如中国传媒大学开设的播音主持专业的素养培训课达到19门之多；而西北师范大学专业素养培训课程分数与学科基础课分数比例为1∶3。[①]

这两个学校都显示出了针对播音主持专业素养塑造的强烈教学目的，将专业素养的塑造看作播音主持专业的必要支撑，不仅这两个学校如此，我国大多数开设传媒专业的学校，如浙江传媒、陕西师范、南昌大学等知名学府都将播音主持人"专业素养"塑造看作是教育重点，但通过对上文的分析发现，在媒体融合环境的作用下，信息利用新的技术传播更加迅速，播音主持专业课所传授的内容已经不再是决定节目成功的主体，相反，原来不被看好的"幽默主持""博学主持"等纷纷成为媒体融合环境下的宠儿。这皆因"专业素养"属于知识范畴，融媒体环境以发达的技术填补了主持人知识的不足，将原来的知识天堑变成坦途，此时考验的便是主持人个人魅力、杂学程度、现场反应、调动手段等技术无法弥补的层次，所以，知识广博、反应快速的主持人更加吃香。而在这样的环境影响作用下，播音主持专业单纯投入大量的时间、金钱、人力强调"专业素养"培育与环境发展背景相脱离。业内人士曾明确表示，播音员主持人的"专业知识再强也强不过电脑收集，现代节目通过剪辑、音讯传播、导演策划等一系列手段，完全弥补了专业素养上的不足，现在拼的就是个人魅力"，而新闻教育研究专家也对这一现象做出过类似评价。

通过分析不难看出，现在播音主持专业教育与融媒体环境的主要对冲是，一个

---

① 普通高等学校本科教学工作水平评估方案[EB/OL].：http://www.moe.gov.cn/

强调专业素养的塑造,一个强调多元化复合化的发展;一个强调培养小众专利的播音员,一个强调人人皆可播音的"大播音"教育,认为"通才教育"才是融媒体环境下播音主持教育的根本理念,而不是局限于某一领域或是否在技术上专业,融媒体环境下只要"精神专业"。因此,二者在教育理念上出现对冲。

四、媒介融合环境下播音主持专业教育的发展提升

当今,在媒介融合背景下,我国高校播音与主持专业的培养目标,可总结为以下三个方面:

(一)重"语"更重"文",强调多学科的交融

在近些年的播音与主持专业的教育中,很多高校根据自身所具有的优势,扬长避短,在学生的培养目标上拓展了许多新的思路。但不管怎样发展与创新,在新老媒介相互交织的前提下,任何平台的播音主持工作对有声语言表达,特别是口语表达都非常重视。在播音与主持工作中,口语表达承担着非常重要的任务,主持人的语言表达的能力与媒体效果息息相关。播音与主持是主持人在话筒前进行的有声语言的创作活动。这其中不仅包括了主持的口语表达,同时也含有新闻的书面语表达。但许多主持人长期地有稿播读、依靠提字器播报,而逐渐忽视了提高口语表达的能力。高校"重语轻文"的现象严重影响了专业主持人的发展。从根本上说,广播电视语言就是用口头表达的媒介语言,它不仅能够适应电子媒介传播的需要,同时也符合广播电视基本规律。在媒介融合的大环境下,提高口语表达能力是众多新兴媒体传播活动的需要。

在媒介融合的发展趋势中,高校播音与主持专业培养的人才不能仅局限在广播、电视这两大媒体中,当下丰富多样的媒介形式对播音与主持专业学生的培养目标有了更多样化的需求,同时也要培养学生在各学科之间能够互相交融。播音主持是一项具有创造性的活动,播音与主持是一门独立的学科,自然属性与社会属性相统一,既有严谨的新闻性,又有语言传播的艺术性。全面学习各学科知识,不但能够满足目前媒介融合的趋势,更是能够提高自身的综合素养。

（二）"一专多能"的复合型人才

高校培养目标都有"一专多能""复合型"人才的培养计划，这里所说的"一专"主要包括两方面：一是培养学生播音与主持业务能力、二是要明确学生在播音与主持工作的具体定位，逐渐形成自己独有的风格。"多能"则有着不同的含义。在专业教育发展的早期阶段，"多能"主要是针对学生在诗歌、散文、小说等方面的创作能力。而在现阶段媒介融合的发展趋势下，"多能"主要在体现在三个方面：一是培养学生的统筹编排、节目策划、组织能力以及管理能力；二是培养学生提高从传统媒体到新媒介的工作能力，如采访、编辑以及主持等工作能力；三是要培养学生的团队协作能力以及综合学习能力，学生通过不断扩充知识，熟练掌握最新的技术，以及学生与团队各成员之间的精诚合作，完成由专业型人才向复合型的人才的蜕变。与此同时，面对如此"高难度"人才培养目标，高校也应该加以反思，应该如何将培养目标真正落到实处。

"融媒体时代"的媒介形态交互融合，受众主动性提高，获取信息门槛降低；此外，融媒体时代呈现分众、小众的传播样态，广大观众有对所收看节目的充分自主选择权，特别是现如今网络技术得以普及，人人都可以成为拥有制作和传播节目能力的传播者。"融媒体时代"催生了"融媒体受众"，传受之间的界限逐渐消解。播音员主持人在传播系统中虽以个人的形式出现，但终归是一个特定的传播符号载体，不能游离于节目之外。

总之，融媒体环境需要的是风格多变、凝聚力强、具有共享能力、知识面广泛、业务能力触及领域多样的复合型人才，这样的人才必须是一专多能，有过硬的采编能力、能适应跨界工作、具备加速团队协作能力与综合学习拓展能力，如此才能符合新媒体环境的需求。这一需求不仅打破了传统播音主持的教育方向，同时也打破了播音主持专业的从业壁垒，使市场化倾向更为突出，受众互动愿望更加强烈，因此，传统模式的播音主持"斗"不过跨界主持的现象越来越频繁。虽然非专业"主持人"主持的专业素养并不精通，有些甚至咬字不清，但都具备丰富的阅历、幽默的性格、强大的个人魅力以及对时事一针见血的洞察能力，他们更加贴合受众的真实需求，有着独到的新闻事实分析能力，满足了上述"融媒体环境的需求"。

（三）强化道德观，拓宽就业面

主持人是一个媒体的外在形象，其言谈举止代表着一个媒体，能够产生非常广泛的社会效应。因此，无论科技怎样进步，社会发展多么迅速，主持人所从事的工作担负着传播中国先进文化，弘扬与发展伟大民族精神，维护国家利益，推动人类文明的崇高使命和社会责任。因此，高校应该注重学生道德的培养，促进学生恪守敬业奉献、团结协作、遵纪守法、诚实公正的职业道德以及谦虚谨慎、追求德艺双馨的态度。

一个人在青年阶段就会逐渐完善他的人生观以及价值观，而大学教育正处于这个重要的时期，高校应该在培养学生职业素养的同时，也要加强对学生思想道德方面的建设，在培养人才的同时注重德才兼备，并且要以德为先。高校播音主持艺术教育要以培养出德艺双馨的主持人为其使命，在媒介融合的新形势下更应该如此。

不管是媒介融合所形成的全媒体化的传播竞争环境，还是信息内容的跨平台传播改变了传统传播内容的属性。由于种种的原因，我国将在未来的一段时间内会保持着现有的多媒体网络传播的现象。

在新老媒体相互交融之时，高校播音与主持艺术专业教育不能根据各自情况自行发展，而应该在学生专业素养以及思想品行方面形成科学的、行之有效的教学模式，发挥播音与主持专业的优势，保持专业自身特点。

在融媒体环境下，对于传者而言，并不是要求掌握多媒体化的传播素养，而是要求我们根据传播内容以及多媒体采集、生产、发布的需要，调整从业人员的定位，细分生产流程以提高传播效率。因此应当从三个方面改变现状，重塑课程体系、借力数字化营造播音主持教育新环境、拓宽培养路径。

首先，应当重塑课程体系。

中国传媒大学播音主持行业的课程教育体系是中国其他大学传媒课程设置的主要参考。课程按照时间段划分，这样持续渐进的时间划分方式不仅已经不再能够满足融媒体环境下播音主持行业的需求，并且学生只在大四进行实践，降低实践时间减少个性化的发挥，因此作者认为应当重新对课程体系规划，具体建议包括：

将专业素养主干课程全部纳入大一学习当中，减少学习考核分数；在大二开设更多基础理论课程，并为学生创造结合基础理论课程的课堂实践机会；压缩课程量，务必在学生大三结束时保证课程也全部结束，避免学生在学校考试和实践工作之间疲于奔波，为学生塑造更好的实践环境；建立跨专业的融合课程体系，将融合性体现在教学、实验、实践环节，开设《媒介经营与管理》等提高媒介素养的必修课，注意在课程中锻炼学生自身个性，以实践培养学生播音主持风格。

其次，借力数字化营造播音主持教育新环境。

融媒体环境的显著特点就是数字化的到来，使一切媒体都有了新的科技形式作为依托，因此播音主持教育不能再局限于传统媒介传播，应当将目光放到更加全面的"技术媒介传播"上。建议更新新闻传播教材，使教材更贴切数字化教学内容。数字化带来了飞速的新闻整合与传播，主持人在此环境下更加偏向于"播音"，所以在教学方面应当向"大播音"这一理念持续迈进，结合数字化技术和播音主持理念对学生进行系统的培养，从而满足融媒体（电视台、广播电台、报社等传统媒体，互联网、手机电视等新兴媒体）要求的"多能"新闻传播人才模式。

再次，应当强化师资拓宽培养路径。

融媒体教育环境对新设备要求非常苛刻，数字化并非是理念而是具体的实践操作，培养学生的融媒体环境素质不能单纯地从理论入手，还需结合先进的设备、仪器，借助专业化舞台进行系统培养。因此，丰富教学师资力量，加强教师培训、考查教师知识层面是否与时俱进、增强教师与发达国家的传媒学校间的相互交流都至关重要。

最后，融媒体环境下的播音主持提升还需要从选拔体制与道德塑造两个方面入手。虽然可以降低这一行业的入行门槛，但是要提升这一行业的考核门槛，将无素质、道德低下的主持人驱逐出这一行业，为融媒体环境塑造新风。

五、结语

融媒体环境带来了"非专业化也可就业"的冲击，许多业内人士对此担心，认为播音主持行业结构就此发生巨变。时代更替有变化是自然的事情，不必过于否认或担心,只要把握住道德塑造这一根本点,改变教育体制,落实实践与理论教学,转变专业素养的塑造,加强基础理论塑造、实践塑造,充分结合数字化设备及理论基础,就能够平稳地从传统媒体环境过渡到"融媒体环境",当然这不仅需要学校在教学方面做出改变,也需要社会、企业、学校、政策等多方面进行协调改变,如此才能使播音主持行业在媒介融合环境下更加蓬勃发展。

参考文献

[1] 鲁景超. 关于播音主持人才培养模式的思考[J]. 现代传播, 2011. 04

[2] 毕一鸣. 主持艺术的新视野[M]. 北京:中国广播电视出版社, 2015(4)

[3] 陈万怀. 节目主持人的媒介素养及其它[J]. 新闻采编, 2010(3)

[4] 张继娅. 播音主持创新人才培养模式探析[J]. 现代传播, 2009(3)

[5] 付程. 21世纪对播音主持艺术专业教育的要求[J]. 现代传播, 2001(1)

[6] 金叶. 新媒体在推动播音主持艺术开放教学中的创新与实践[J]. 科技传播, 2010(21)

[7] 李卫中. 后现代语境下的播音主持教学改革探索[J]. 时代文学, 2009(1)

[8] 蔡雯. 媒介融合前景下的新闻传播变革—试论"融合新闻"及其挑战[J]. 国际新闻界, 2006(05).

[9] 付程. 广播电视语言传播的专业教育与人才培养[J]. 广播电视学刊, 2001(03).

[10] 朱晓彧. 与时俱进—面向未来的播音与主持专业教学改革[J]. 新闻知识, 2008(10).

[11] 黄小英. 民国时期播音教育的历史回顾[J]. 电化教育研究, 2011(06).

主持传播跨学科研究

栏目主持：魏伟

现象学视域下体育主持人的媒介素养研究

◎ 魏 伟*

摘要：本研究通过现象学研究方法，来考察时间的瞬时存在感与空间的联合在场问题，构建新媒体时代体育主持人直播性和在场性的重要地位。此外，碎片化和压缩时空的现有选拔方式对于体育主持人的负面影响也是导致体育主持人遴选效果不佳的重要因素。研究通过对电视体育解说员选拔比赛的客观凝视，试图从学理层面提出新媒体时代体育主持人需要具备的媒介素养，并对现有选拔机制提出备选方案。

关键词：现象学　新媒体时代　体育主持人　媒介素养

2018年年初，中央电视台体育频道播出的《一起说奥运》栏目是为储备优秀体育主持人、解说员，为选拔2022年北京冬奥会项目体育解说员举办的大型体育真人秀节目。比赛吸引了数以千计的国内和海外适龄选手参赛。选手中既有传统的艺术类院校播音主持专业的年轻教师和学生，也有新兴的部分体育类院校的体育播音主持专业教师和学生，有数量较多的国内外知名高等院校的本硕博在读学生，还有部分已经在其他媒体和平台经历过不少体育解说实践的青年才俊，甚至还有个别在体育赛场上拼搏多年、重新回到校园学习的"运动员"学生。经过层层筛选，一批优秀选手脱颖而出，他们有望成为新中国第七代体育解说员中的代表人物。在电视体育节目受到新媒体体育节目冲击越来越大的时代，体育主持人，体育解说员的职业素养应该如何进行调整？双屏时代的电视体育解说员如何能够在与新媒体体育解说员的竞争中保持"传统"优势？

现象学是传播学研究的重要理论基础之一，传播学家罗伯特·克雷格在其著名的论文《作为场域的传播理论》中将现象学与修辞学、符号学、网络空间学、社会心理学、社会文化学和批判理论并列作为传播学研究的七大基础理论

---

* 魏伟，博士，北京外国语大学国际新闻与传播学院教授，博士生导师，国际新闻研究中心主任。传播类SSCI期刊 *Communication & Sport* 和国际期刊 *International Journal of Sport Communication* 编委会委员。讲授"英语播音与主持""体育报道""符号学"等课程。中央广播电视总台《一起说奥运》栏目授课教师、评委，从事广播电视主持人十余年，解说各类体育赛事超过1100场。研究方向包括体育文化、符号学、叙述学、现象学、诠释学、新闻传播学、广播电视学、社会学等。

之一。① 孙玮指出，现象学中的"具身化存在论，不但是身体理论的当代发端，也是身体研究中最重要与基础的理论视角。"② 通过现象学理论来研究传播现象，历来是新闻传播学研究的传统。因此，通过现象学的方法来研究体育主持人和体育解说员的媒介素养问题，不失为传统范式中的一种新视角。

一、无稿播音与有稿播音：体育解说的辩证矛盾

从《一起说奥运》栏目的选拔结果来看，绝大部分脱颖而出的优秀选手年轻、睿智、有活力，综合素质高，外语能力强，体育专项素质突出，较之体育主持和解说前辈具有无可比拟的时代优势。然而，从更高的要求来纵向考察，这些年轻选手大都同时存在直播感稍弱、在场感缺失、解说碎片化、全程无留白等问题。

体育解说是播音主持专业中的一个特殊门类。绝大多数学者趋向于将其划定为"无稿播音"，因为体育解说员在面对无彩排、完全开放的直播赛事时没有可以参照的文本。但另一方面，由于比赛规则、参赛选手和赛事本身在单位时间内的确定性和流动性，又使得体育解说实际上"有章可循"。从这层意义上来讲，体育解说也可以被视作"有稿播音"。体育解说的"深层规则"与每一次演出的具体呈现形态，类似于索绪尔符号学理论中的语言（langue）和言语（parole）之间的关系，即深层结构与表层结构之间的关系。正是在"无稿"与"有稿"的辩证关系中，选手们存在的上述问题被放大，这些问题甚至可能将在一定程度上影响未来体育主持人和解说员的职业发展。因此，从学理层面对电视体育主持人和解说员存在的这些问题展开探讨，具有提升其在全媒体时代核心竞争力的战略意义。

二、瞬时存在感：直播性是体育主持人的核心媒介素养

今天的体育赛事转播是一项纷繁复杂的系统工程，涉及多个岗位、多项工种和多套流程，从过程来考察极其复杂。现象学中的瞬时存在感，以及"此在时间"与"彼在时间"的区隔时常会发生，而且亚类型相当多。时间问题是现象学研究领域

---

① CRAIG R. Communication theory as a field [J]. Communication theory, 1999, 9（2）: 119–161.
② 孙玮. 交流者的身体: 传播与在场: 意识主体、身体-主体、智能主体的演变 [J]. 国际新闻界, 2018,（12）: 83–103.

的一个重要内容,从现象学鼻祖布伦塔诺开始,时间问题就是研究的一个重要领域。现象学集大成者德国学者埃德蒙德·胡塞尔对于时间意识的分析是其内时间意识现象学的核心表述。[1]另一位现象学家马丁·海德格尔也把存在与时间作为自己研究的重点。他对于时间概念的阐释集中体现在"现象学的研究就是着眼于存在者之存在的解释"[2]。他对"话语"的时间性问题探讨是晦涩的《存在与时间》中的一个重要命题。[3]法国学者弗朗索瓦斯·达图曾经专门就现象学意义上的时间问题进行深入细致的阐释。[4]专门从事时间现象学研究的德国哲学家克劳斯·黑尔德认为,超越日常状态的时间经验是本真生存的前提。[5]可见,瞬时性、内在时间、此在时间和彼在时间等概念成为现象学研究的热点问题。

即便今天高新技术已经较为发达,体育赛事转播已经相当成熟,但有一点不可否认的是,受众看到的媒介赛事"直播"画面还是与赛场赛事有时间上的延宕。这种延宕可能不到1秒钟,通过延时等技术手段也可能达到30秒甚至更长。如果只针对极其类似直播形态、延宕时间很短的"准直播"现象,那么体育赛事转播也是电视诸类型节目中可以运用"此在时间"来讨论的类型之一。[6]

用现象学的观点研究体育解说的时间问题是一个比较冷门的研究领域。英国文化学者斯蒂芬妮·玛丽奥特曾经对电视节目中主持人与受众之间的声画互动展开过主体间性的研究。[7]在此基础上,她后来对重播的体育解说话语进行过现象学的研究。[8]而后,她又在自己的专著中系统阐述了对电视节目直播的现象学时间、空间问题。[9]一般而言,广播体育解说由于只诉诸人的听觉,它带来的无非只有此在时间场景和历史形态的彼在时间场景,相对简单。电视刚刚出现的时候也比较

---

[1] 胡塞尔. 内时间意识现象学 [M]. 倪梁康, 译. 北京: 商务印书馆, 2009: 51–54.
[2] 海德格尔. 时间概念史导论 [M]. 欧东明, 译. 北京: 商务印书馆, 2009: 428.
[3] 海德格尔. 存在与时间 [M]. 陈嘉映, 王庆节, 译. 北京: 商务印书馆, 2018: 428–430.
[4] DASTUR F. Telling time: sketch of a phenomenological chronology [M]. BULLARD E, translated. London: The Athlone Press, 2000.
[5] 黑尔德. 时间现象学的基本概念 [M]. 靳希平, 等译. 上海: 译文出版社, 2009: 115–116.
[6] CLARKE A, CLARKE J. Highlights and action replays–ideology, sport and the media [M]. HARGREAVES J. Sport (ed), culture and ideology. London: Routledge & Kegan Paul, 1984: 62–87.
[7] MARRIOTT S. Intersubjectivity and temporal reference in television commentary [J]. Time society, 1995, 4(3): 345–364.
[8] MARRIOTT S. Time and time again: 'live' television commentary and the construction of replay talk [J]. Media, culture & society, 1996, 18(1): 69–96.
[9] MARRIOTT S. Live television: time, space and the broadcast event [M]. London: Sage Publications, 2007: 6–8.

简单,那时的体育转播只有顺序画面,没有即时回放、慢动作、超慢动作,更没有附属图像。因此,那时的电视体育解说基本上也只有此在时间场景和彼在时间场景的叙述。但随着技术的不断发展更新,电视和新媒体体育赛事转播的图像技术日新月异,这就为电视体育解说和新媒体体育解说的时间形态问题带来了许多新课题。笔者曾借用体育赛事转播图像的三分法,把转播中的图像分为顺序图像、非顺序图像和附属图像三种。与之对应的体育解说时间形态达到18种之多。[①]随着门线技术、VAR技术在体育赛事中的全面使用和VR、8K等转播技术的不断提升,图像与体育解说之间的关系将更加复杂,也可能出现更多的新型形态。

不难看出,图像与体育解说的结合,其实就是德国学者迈恩霍夫提出的电视节目"双重编码"[②]的具体体现形式。因此,在解读时我们需要运用对应的"双重解码"形式。通过顺序图像、非顺序图像和附属图像与此在时间和彼在时间的复杂组合关系,体育解说才能实现玛丽奥特所说的"在一个潜在的无穷无尽的圈子里为体育转播建构一种兼具直播和非直播形态的、自我指向自我消费的叙事形态"[③]。

芬兰传播学者特里·兰塔宁指出,新闻一词本身就指向时间性。[④]直播性(liveness)是体育解说员在新媒体时代的核心媒介素养。离开了此在时间和彼在时间双重意义上的"直播"形态,体育解说员等同于从无稿播音状态返回可以充分备稿的有稿播音状态。但这显然与体育赛事直播不可预知的属性是相悖的。从过往的经验来看,有不少体育解说员可以在备稿(即便是短时间内)后达到很高的播音状态,但在真实直播样态中会失误频出、状态低迷。这从另一个角度也证实了直播性对于体育解说的核心意义。从目前几乎所有的体育解说员选拔模式来看,无法考察选手的绝对直播状态是一个较大的掣肘。换句话说,要选拔出真正具有天赋和核心能力的体育解说员,(准)直播状态是无法回避的必要条件。

---

① 魏伟. 体育解说论 [M]. 北京:中国广播电视出版社,2013:212-221.
② MEINHOF U. Double talk in news broadcasts: a cross-cultural comparison of pictures and texts in television news [M]. GRADDOL D, BOYD-BARRETT O. Media texts: authors and readers. London: The Open University Press, 1994: 215.
③ MARRIOTT S. Time and time again: 'live' television commentary and the construction of replay talk [J]. Media, culture & society, 1996, 18(1): 69-96.
④ RANTANEN T. When news was new [M]. Chichester: Wiley Blackwell, 2009: 1.

三、空间联合在场：在场性是体育主持人的重要媒介素养

现象学中的身体理论是在传统哲学中被忽视的身体与现象学之间发生的关联。法国存在主义哲学家让·保罗·萨特从社会存在的角度来研究身体。对于萨特来说，身体最重要的作用是它在社会接触中的联结作用。[1]萨特认为，"身体表现了我对世界的介入的个体化。"[2]法国现象学家莫里斯·梅洛-庞蒂强调身体在本体论和认识论上的优先地位，他在《知觉现象学》中提出了视觉体验问题。他认为视觉体验"向我们呈现展现在我们面前的远处景象，使我们产生我们能直接出现在任何地方、又不在任何地方的错觉"[3]。宁晓萌提出，梅洛-庞蒂的观点是把身体问题引向主体视角，是"观看世界的立足点"[4]。视觉体验带来的知觉时常会给人造成错位之感。美国认知科学家马尔文·明斯基提出了"远程在场"的概念[5]，美国学者乔纳森·斯图尔在此基础上分析了远程在场的个人感官差异来自生动性和交互性两个层面[6]，两者分别作用于同时介入的渠道数量和形式与内容的逼真度。学者张一兵更是在此基础上提出了"远托邦"的概念，他认为远距离在场杀死了当下在场，而且解构了此在之在和去在的上手之场所。[7]远托邦实际上是赛博时代身体论的一种反讽式的提喻。

体育主持人和解说员的在场和缺席解说问题，用学者徐献军的话来说，就是"具身认知"和"无身认知"的问题。[8]近些年这个问题在传播学中也得到了充分的讨论。美国传播学家约翰·彼得斯认为，在过去，交流的成功是跨越鸿沟去触摸，到了电子媒介时代，就成为跨越中介性的灵魂去触摸另一个人的身体。[9]这就

---

[1] 施皮格伯格. 现象学运动 [M]. 王炳文, 张金言, 译. 北京: 商务印书馆, 1995: 721.
[2] 萨特. 存在与虚无 [M]. 陈宣良, 译. 北京: 三联书店, 1987: 405.
[3] 梅洛-庞蒂. 知觉现象学 [M]. 姜志辉, 译. 北京: 商务印书馆, 2001: 400.
[4] 宁晓萌. 表达与存在: 梅洛-庞蒂现象学研究 [M]. 北京: 北京大学出版社, 2013: 65.
[5] MINSKY M. Telepresence [J]. Omni, 1980, 2(1): 44-52.
[6] STEUER J. Defining virtual reality: dimensions determining telepresence [J]. Journal of communication, 1992, 42(4): 73-93.
[7] 张一兵. 远托邦: 远程登录杀死了在场: 维拉里奥的《解放的速度》解读 [J]. 学术月刊, 2018, (6): 5-14.
[8] 徐献军. 具身认知论: 现象学在认知科学研究范式转型中的作用 [M]. 杭州: 浙江大学出版社, 2009: 50.
[9] 彼得斯. 对空言说: 传播的观念史 [M]. 邓建国, 译. 上海: 上海译文出版社, 2017: 326.

是传播学者刘海龙提出的传播中身体的具身性和离身性的问题。①在与传播学者拉扎斯菲尔德的合作中，德国社会学家、法兰克福学派第一代旗手特奥多尔·阿多诺坚定了自己对"在场"的肯定，"一切所谓的直接接触都充满着各种微小得看不见的沟壑"②。这些"沟壑"是填平在场与缺席之间细节量的重要纽带。因此，彼得斯指出"亲临而在场恐怕是我们能做到的最接近跨越人与人之间鸿沟的保证"③。因此，"缺席"在场解说本来是电视体育解说员与广播解说员区分开来的标志之一。利用卫星传输技术，电视体育解说员可以在比赛场地外几千公里的演播室里解说赛事。但这种在场只是"肉身的虚拟性在场"，是一种"与肉身在场相融合"的远程在场方式。④毋庸置疑，缺席的电视体育解说员无法真实准确地掌控比赛现场发生的场景，从而弱化体育解说的真实性和客观性，⑤也难以贴合斯图尔所说的生动性和交互性。

美国学者凯瑟琳·海勒将主体分为了表现主体和再现主体。二者有可能重叠，也有可能分离。⑥在体育解说这个职业中，表现主体与再现主体之间绝大多数时间是无法重叠的。进入新媒体时代，电视体育解说员的在场性显得更为迫切和必要。尤其在与新媒体体育解说员享受同画面解说"竞争"时，解说员在现场带来的鲜活报道和主观视角解说是在竞争中占据优势的重要前提条件。一般而言，处于现场的体育解说员会受到现场观众营造的氛围、裁判判罚的公正与否、解说席其他解说员解说状态的影响，其状态好坏更会直接影响到转播质量和对受众的带入感。从2018年俄罗斯世界杯的电视转播中不难看出，全部在现场解说的电视体育解说员呈现出的状态相较于他们在演播室里转播欧洲五大联赛和欧洲冠军联赛的状态有比较明显的优势。从现象学的角度来考察，这实际上源于受众"同时在场"（co-

---

① 刘海龙. 传播中的身体问题与传播研究的未来 [J]. 国际新闻界, 2018（2）: 37–46.
② MORRISON D. Kultur and culture: the case of Theodor Adorno and Paul F. Lazarsfeld [J]. Social research, 1978, 45（2）: 331–355.
③ 彼得斯. 对空言说: 传播的观念史 [M]. 邓建国, 译. 上海: 上海译文出版社, 2017: 388.
④ 孙玮. 交流者的身体: 传播与在场: 意识主体、身体-主体、智能主体的演变 [J]. 国际新闻界, 2018, （12）: 83–103.
⑤ 魏伟. 试析当前国内电视体育解说的几种现象 [J]. 电视研究 2013（7）: 62–64.
⑥ 海勒. 我们何以成为后人类: 文学、信息科学和控制论中的虚拟身体 [M]. 刘宇清, 译. 北京: 北京大学出版社, 2017: 6–7.

presence）感①的达成。这种幻象的出现有利于电视体育解说员创造一个意义上的虚拟空间。在这个空间里，受众可与在场的体育解说员分享"可见、可听，甚至可触、可嗅"的意义，通过将受众带入这个虚拟空间实现传播效果的扩大化。因此，在新媒体时代，在场性已经成为电视体育解说员的本质属性。虽然在成本上耗费更高，但对于传播效果而言，解说员的在场很有可能会制造出更加正向的效果。所以，在选拔体育解说员的比赛中添加体育解说员在场的环节，可以让体育解说员有效地制造出"同时在场"感。

四、去碎片化与时空压缩：系统性是选拔体育主持人的必要条件

基于德国过程社会学家、莱斯特学派创始人诺贝特·埃利亚斯的游戏模型理论，笔者对体育解说员与受众之间关系的复杂性展开考察②，其结果的复杂特性令人咂舌。这实际上是整个社会复杂性的一个缩影。如果不考虑受众的因素，体育解说员的解说将处于"真空"状态，这种脱离现实的理想状态是不存在的。因此，对于体育主持人和解说员的选拔不应该是在无干扰、完全碎片化的理想状态下展开的。

传统的体育解说员选拔模式提供3—5分钟的片段，让选手在或长或短的时间内准备后解说，这几乎是现行体育主持人和解说员选拔的标准配置。但在如此短的时间里，对于参赛选手对体育项目的发展史、背景知识、技战术的综合驾驭能力的考察是比较难的。选手如果具备较强的学习能力和模仿能力，是可以在较短时间内磨平与优秀选手之间的知识沟，在短时间内呈现出高水平状态。但这样的高水平状态是不具备可持续能力的。而且，这样的考察方式也不利于展现出选手对于比赛节奏的控制。几乎没有选手愿意在短短的3—5分钟里充分留白。这恰恰是新媒体时代受众对体育解说员的主要诟病点之一。

体育解说员如何在与播出画面和现场主观视角的配合下，比较完整地展现出自己的综合能力，应当是体育解说选拔比赛需要考量的重要部分。这涉及的是体育解说的系统性问题。一个系统是各组分关联构成一个整体，系统大于各成分的叠加。

---

① MARRIOTT S. Live television: time, space and the broadcast event [M]. London: Sage Publications, 2007: 6-8.
② 魏伟. 拟剧理论和游戏模型视域下的体育解说 [J]. 上海体育学院学报, 2016, 40（6）: 51-57.

一旦进入系统,组分除了自身的功能,还自动地获取了系统功能。

体育解说的系统性问题包含体育解说完整过程中的自洽、合理留白和节奏调节等问题。保持体育解说的系统性,而非碎片化与时空压缩的版本,是选拔优秀体育解说员的另一个不可忽视的环节。法国结构人类学家克劳德·列维-斯特劳斯在《结构人类学》中提出,任何一个组分的变化,都可能引起其他成分的变化。[①]解说条件的一点变化,就可能导致体育解说员整个解说状态的变化,有时甚至可能发生根本性的变化。从《一起说奥运》栏目呈现出的结果来看,来自播音主持等艺术类学生由于具备较强的短时学习能力和举一反三的能力,因此在考察部分占据比较明显的优势,体育类和其他专业学生往往对体育项目本身的理解能力可能更强,但在语言的规范性和临场发挥层面更易于受到周遭环境的影响。如果沿用现行的比赛模式,那么在未来的类似比赛中,体育院校培养的和与体育院校联合培养的艺术类院校的播音与主持艺术的学生将具有越来越明显的专业优势,拥有更专业体育知识的前运动员或教练员在从事体育解说工作之后也会充分展示出他们的"运动服统治"能力。[②]如果再有几年规范的高等教育背景,优势会更加明显。[③]无论如何,碎片化和时空压缩的后现代主义体育解说版本,会成为影响选拔优秀体育解说员的一个不可小觑的负面影响。

五、定制赛事：未来体育主持人选拔的备选模式

体育解说员需要同时具备把关人、意见领袖、议程设置者和涵化者多重身份[④],因此他们对于一场体育赛事转播的重要作用是毋庸置疑的。事实证明,现行体育解说员选拔机制未必能甄选出高素质解说员,播音主持专业的科班学生也未必都适合体育解说。[⑤]比赛选出的选手普遍年轻,对事业缺少必要的规划,有相当比例的到后来只能播报新闻和专题类栏目。他们中的不少人缺乏直播能力、在场特性,对体育赛事本身缺乏足够的理解,有些甚至对体育运动缺少基本的尊重和热爱。

---

① LEVI-STRAUSS C. Structural anthropology [M]. New York: Basic Books, 1974: 7.
② 魏伟. 电视体育转播的"运动服统治"现象探究 [J]. 丝绸之路, 2013(6): 48-52.
③ 王喆. 论电视体育解说 [M]. 天津: 天津社会科学院出版社, 2018: 139.
④ 魏伟. 电视体育解说员的传播效果研究 [J]. 电视研究, 2009(5): 57-59.
⑤ 魏伟. 体育解说教程 [M]. 北京: 人民体育出版社, 2012: 32-33.

在直播感和在场感阙如、碎片化、无留白的解说话语占据现实主导的情况下，如何科学、有效地选拔出真正优秀的体育解说人才，成为未来遴选体育主持人和解说员的一个难题。

因此，良好的赛制成为遴选优秀体育主持人和解说员的重要保障。从以往历届体育主持人和解说员选拔比赛来看，选才目的的模糊化似乎成为一大顽疾。[1]为了选拔出真正具有潜力的体育解说员，笔者从现实出发，提出一种人才选拔的备选模式——"定制赛事"（contest made-for-competition）。所谓"定制赛事"是指主办赛事的媒体与竞赛项目（既可以是国家级甚至是国际级赛事，也可以是地方、区域级别的小型赛事）或运动队深度合作，策划举办专为选拔体育主持人和解说员而举行的各项目赛事。参赛选手可以独立、与其他选手配合或与专业解说顾问合作的方式参加不同阶段的比赛。由于赛事本身充斥着不确定因素，因此对参赛选手的直播性、在场性、系统性的考察可以同步完成，这对于选拔出在新媒体时代具备全新要求媒介素养的体育主持人和解说员而言是一举多得。

定制赛事的优势主要体现在以下几个方面。首先，它能够充分地考察参赛选手在处理"无稿播音"状态下的能力、临场应变的能力和对体育比赛本身的理解能力。这一系列因素直接对应的是体育主持人和解说员的直播性。胡宁扬提出了体育主持人的"直播思维能力"[2]，这可能是体育主持人区别于其他类型主持人的一大特质。在规则与即兴之间的互动中展示出足够的张力[3]，这是体育解说员叙述能力的重要体现方式。其次，它能够使参赛选手在充分"在场"的前提下考察出选手的"在场性"。相当多的年轻体育主持人和解说员在"在场"条件下解说会呈现出过度兴奋、语无伦次、口头禅增多等"问题"，有些"问题"甚至可能终生伴随。这个问题涉及体育解说员的语境元语言能力，这也是能力元语言的一个部分。[4]因此，在选拔阶段通过这种方式，可能"筛选"出不适合从事体育解说工作的选手。再次，定制赛事可以让选手在允许的条件下最大限度地发挥自己的特长，

---

[1] 张德胜，武学军．体育解说评论［M］．武汉：华中科技大学出版社，2017：299．
[2] 胡宁扬．更快 更高 更强：论奥运直播主持人的职业素养［A］．沙桐，杜友君编．全国电视体育节目主持人研究会论文集（一）［C］．上海：上海交通大学出版社，2015：196–197．
[3] 魏伟．叙述公正与叙述惊喜：竞赛型演示叙述研究［J］．符号与传媒，2015（1）：91–103．
[4] 魏伟．体育解说的符号学审视［J］．青年记者，2014（20）：31–32．

通过前期采访、资料准备等一系列规范的方式,让选手在比赛中展示出自己对于体育解说"系统性"的驾驭能力。最后,"定制赛事"有利于选手在职业生涯早期就可以建构自己的"精英"与"大众"立场[1],理解受众对于各种不同体育赛事的欣赏动机[2],尽早找到适合不同口味受众的解说模式,确立自己的风格特性。除此之外,"定制赛事"模式还可以在前期就主动"过滤"掉一些带有投机心理的选手,让比赛本身的精彩程度得以提升。

当然,"定制赛事"也存在一些问题。譬如,与各级运动队、运动员的沟通、交流,场地和各部门的协调让节目成本大幅度提升。另外,由于系统性和完整性的考量,选手往往需要解说半场甚至更多的赛事,这让节目后期的剪辑量成倍增加。但对于定向选拔特定体育项目的体育主持人和解说员选拔赛事而言,观赏性、专业性和科学性同时得到提升,总体而言,不失为一种更加理想的选拔模式。

六、结语

在过去的10年中,国内体育解说员的数量提升了一倍以上,但仍然无法满足日益增长的新媒体平台的需求。这也敦促不少艺术类院校和体育院校纷纷在本科教学层面开设体育主持和解说方向、通道班和双学位课程,在研究生层面开设体育解说评论方向。一些在职的体育解说员也开始"回炉"深造。此外,一些高校还应市场需求开设了电竞解说专业。与传统的体育解说相比,电竞解说还增添了"情绪主导者"的功能。[3]尽管各高校相关专业招生量与日俱增,但优秀的体育解说员依然供不应求。而且,由于互联网平台对于体育解说的要求跟传统媒体有一定区别,对于体育解说全能性、时代性、互动性和娱乐化的要求更高。[4]随着新媒体时代对体育解说员媒介素养要求的不断提升,体育解说员在承受来自受众的巨大压力的同时,也确实需要有针对性地在直播性、在场感和系统性等层面继续提升自身能力,以满足更多高级别赛事转播的要求。

---

[1] 魏伟.论体育解说的精英与大众立场[J].新闻知识,2014(1):9-10.
[2] 魏伟.体育赛事电视转播的受众收视动机分析[J].北京体育大学学报,2011,34(5):26-29.
[3] 张越舟.电竞解说概论[M].成都:四川大学出版社,2017:6-7.
[4] 王子星.互联网平台体育解说语言风格现象浅析:以腾讯体育NBA解说为例[C]// 沙桐,杜友君.全国电视体育节目主持人研究会论文集(二).上海:上海交通大学出版社,2018:81-83.

存在·变革·回归：节目主持空间转向研究

◎ 李 强*

摘要： 作为维持世界共存和律动最基本的力量，我们以时间和空间为条件共享着生命之中的互动与和谐。在媒介技术的深刻变革中，传统媒体和新媒体建构着多元互动的空间形态，更为开放立体的"第三空间"深刻改变着社会关系构成。本文着重分析媒介技术与节目主持的结构性关系，思考节目主持空间发生的存在性转变。研究表明，节目主持在物理空间转向为信息传播的节目主持叙事，在想象空间转向为想象性的节目主持社会关系，进而重构开放性的节目主持"第三空间"。

关键词： 技术　主持人　节目主持　空间转向

古希腊哲学家亚里士多德视技术为关于制作的卓越智慧，在绵延千万年的人类文明发展进程中，我们撷取着技术的动力之源，丰实着社会的文化样态。一方面，我们发明、创造着技术，拓展着技术文化的演进空间；另一方面，技术成为人类器官延伸物，它改变甚至破坏着人类社会的生态环境，数量众多的技术"在开始的时候似乎是人类的恩物，在广泛应用之后却变成了人类的威胁"（M. Kranzberg，1984：1）。如何深入挖掘技术的本质及发展规律，明晰技术尤其是媒介技术与社会文化的理论勾连和实践关联，切实把握这两者的前行走向，寻求解决现实问题的科学方法，就成为值得研究的重要问题。

媒介技术与社会文化的关联形态繁多错杂，研究层面不胜枚举。本文以空间理论为研究视角，尝试分析媒介技术与节目主持的结构关系在空间层面的深度变革，深入思考媒介技术推动着节目主持空间发生着怎样的历时性和同时性转变。其中的空间生产有着怎样的社会想象和社会实践图景？它们又是向着怎样的正向和反向路径发展？产生出哪些正向价值和负向价值？这些价值在节目主持空间中有着怎样的社会思想映射和社会生产表征？我们应以何种方法或路径使节目主持充分利

---

* 李强，华中科技大学新闻与信息传播学院博士生，主要研究领域为节目主持与空间传播。

用上述思想资源,发挥其传播价值,以适应社会前行趋势,满足新时代社会文化发展要求?

一、理论视角与研究向度

（一）理论视角

本文以索亚空间理论和场景概念为理论切入点,从节目主持的现实状况和前行趋势等角度进行学理阐述和实践解析。

1. 索亚空间理论

"20世纪60年代后半叶,在都市危机,或者回过头看,一场更为普遍的空间危机席卷全球的时候,空间意识的一种他者形式开始出现了"（爱德华·索亚,2005：13）。作为美国当代著名的后现代地理学家,爱德华·索亚对空间研究表现出无限热情,"我们生活的空间维度,从来没有像今天那样深深关牵着实践和政治"（爱德华·索亚,2005：1）。"空间也就成了当代语境下理论实现批判功能的新的平台,而这一时期索雅的研究兴趣也随着空间热诚的高涨转向对当下城市规划和都市区域问题的研究上来"（黄继刚,2009：15）。他承袭了列斐伏尔、福柯等人对空间的思想脉络,这充分体现在他的"空间三部曲"中,"索亚推出了著名的'空间三部曲'：其一是《后现代地理学：社会批判理论中空间的再确认》（1991）,该书驻足福柯、吉登斯、詹姆逊和列斐伏尔的理论,倡导重新思考空间、时间和社会存在之间的辩证关系"（陆扬,2005）。在索亚的研究视域中,既有对"日常生活""消费文化""景观社会"和"都市空间"等概念的解读,也将环境、家园、城市和领土等纳入研究范畴,集中获取着关于文化身份、性别地理和空间叙事的新的切入角度,在传统与现代,现代性与后现代性的研究层面中开掘出人类对空间的重新认识与思考,对物质化空间的感知实践,对想象化空间的构思凝聚,对开放空间的表征重构。索亚的空间思想让我们看到了人类社会空间的精神属性和存在属性,它不仅为我们进行地理学研究提供了无限的动力,同时也为我们认识社会现象、解释社会问题和推动社会进步打开了新的研究视野。

2. 场景及场景理论

场景理论,"创造性地将文化和美学融入社会学的理论范式中"(特里·N.克拉克,2017),"它以消费为导向,以生活娱乐设施为载体,以文化实践为表现形式,推动着经济增长,重塑后工业城市更新与发展路径"(吴军,2014)。以特里·N.克拉克为代表的新芝加哥学派是这一理论的提出者和推行者。"场景理论是关于城市发展的理论,主要探讨城市场景的功能及其对城市发展作用"(吴军,2014)。"它以消费为基础,以生活娱乐设施为载体,把空间看作是汇集各种消费符号的文化价值混合体"(吴军,2014)。罗伯特·斯考伯和谢尔·伊斯雷尔所著的《即将到来的场景时代》中提出未来25年我们将进入场景时代,而推动其发展的是五种强大的技术力量——场景五力,即社交媒体、可穿戴设备、定位系统、大数据、传感器,作者认为:"五种原力正在改变你作为消费者、患者、观众或者在线旅行者的体验。它们同样改变着大大小小的企业。"(罗伯特·斯考伯、谢尔·伊斯雷尔,2014:11)

(二)研究向度

本文围绕新媒介技术与节目主持的结构关系展开论述,意在揭示媒介技术与节目主持有着怎样的显性和隐性关系,这些关系的多维演化怎样使节目主持的多个空间发生转向。它们会对当下社会的政治生态、经济生态和文化生态带来哪些正向或负向作用?反观媒介传播,又应如何调整自身与技术的关系,在空间转向的格局中寻求发展支撑点,节目主持又应如何为之,于多个空间转向中和转向后发挥既有的和潜在的传播价值,以满足社会发展要求,推动新时代社会文化持续发展。

同时,本文注重将列斐伏尔、索亚等的空间思想与中国媒介传播语境进行融合研究,探究中国新时代发展背景下该理论思想与媒介传播可能具有的交汇空间和实践路径,尤其是研究它与新时代节目主持可能具有的勾连点和实践点,重点在它们之间的结构关系方面进行探讨。最后,在其他理论视野中,关于节目主持空间的论述还会有哪些新发现、新突破,思考它们为我们提供了哪些思想资源和实践动力,又可达到怎样的理想愿景。

二、媒介传播空间变革新样态

莱文森曾言,新媒介成为社会演变的先锋,一是凭借自己的成就;二是凭借自己对旧媒介施加影响的涟漪效应。莱文森的这番话说明,数字技术裂变式的发展,正在深刻影响着媒介传播生态格局,"古典媒体过去的信任代理角色已经受到广泛质疑,整个信息世界呈现出一种去中介化的样貌"(仇勇,2016:42)。在第四次工业革命强势推动下,先进信息技术已经开拓出媒体高速运营的信息化路径,已然构建出数字化和互动性为基本特征的新媒体传播空间。

(一)传播内容的个体化生产

在网络技术的强大助推下,社会信息生产呈现个人写手特征,无处不在的"编辑部"里汇聚着身份多样的"新闻记者"——自媒体人,"每个自媒体人都可以自行登录后台直接发表文章,更可直观地看到每篇文章的点击量,并依此进行广告分成"(仇勇,2016:73)。他们充分整合着经过算法而形成的"置顶"——信息前置。信息来源的核心在于"个人门户"的构建与完善,这里汇聚了人们所需的各种信息和相应服务,通过嵌入式和个性化的信息推送,力求贴合人们的特定网络信息意向。在这种媒介生产关系变革中,传统媒体的主编意志荡然无存,版权问题不再纠缠,广告收益指向个人。[①]

(二)传播空间的层叠化转向

广播电视传播空间正在经历着前所未有的多层转向,主要表现为传播空间的层叠化交错重合。首先是需求与供给转向。在现代媒介技术驱动下,以受众需求为中心的传播空间转向日渐活跃,传统媒体单向发布,受众被动接受格局逐渐瓦解,转为受众需求与信息供给集于一体的传播格局。由第一层次引发的是第二层次——传播与使用转向,传受双方的一体化使受众有更为充裕的时间创造新鲜事物,享受生活乐趣,受众潜在的自由人色彩渐趋浓重。基于上述两个层次的是回馈

---

① 参见克里斯·安德森,埃米莉·贝尔和克莱·舍基的报告《后工业时代的新闻业:顺时而动》。

与再造转向,广播电视传播空间深刻改变着线性传播单一流动弊端,信息回馈与文本再造融为一体,建构出信息生产多级联合格局。

(三)传播功能的颠覆式创新

新媒体在充分释放现代传播能量的同时,也在深刻"感染"着广播电视媒体,将其传播功能转变为体验与分享、对话与播散相互结合的多元结构形态。随着数字电视、网络电视的推广覆盖,媒体将受众置于信息传播的沉浸环境中,它深刻影响着人类与世界的交流关系,解构着人类与媒体的组成关系。现代技术使广播电视的体验与分享功能无限放大,它成为人们使用媒体,制作内容的主要动机。同时,技术革新将对话与播散的传播沟通浸润于人们的意识中,使网络对话和信息播散成为现实,广播电视依循技术逻辑路径,加速其传播功能的创新进程。

三、媒介技术变革中的节目主持全新特征

媒介技术是人类在社会交往中的表现形式与符号特征,体现出不同历史时期人类与自身及外部世界交流沟通的表现形式。每一次媒介技术变革都会引发人类交流方式的更迭重组,都会点燃人类对未来生活的无限热情。"技术发生颠覆性变革之时,技术释放出惊人的革命性能量,从而推动社会发生质的飞跃。诸如文字、印刷术、电话、电报、广播、电视、互联网技术的问世,刷新了人类传播的新格局"(张涛甫,2015)。

(一)重划节目主持主体内涵边界

媒介技术的深刻变革使节目主持主体的内涵扩大化,已由最初的广播电视播音员、主持人延伸至社会其他人员中,拓展到草根民众中,影视演员、运动员、各类网民都可以主持人身份出现在媒介前端,形成传统主体与新兴主体同台展现的传播生态格局。每个人充分发挥着自身独特个性,展示着自身传播魅力。这在无形中泛化了节目主持主体内涵层面,冲破了原有对主体认识边界的约束,激活了你我节目主持的无限潜能。节目主持主体的多元化使得新媒体环境下的节目主持呈现出更多的平民化趋势。

(二) 再塑节目主持创作思维理念

置身媒介技术蓬勃发展的传播环境中,节目主持不仅在传播主体上发生着深刻变化,同时在思维方式、创作思路上有新的走向。"今天互联网发展到了 Web3.0 与 Web4.0 阶段,智能平台的形成让用户需求成为总的传播导向,在大数据与算法不断完善的基础上,实现平台的智能化服务"(喻国明,2017)。这种精准对位于用户需求的传播理念,无不"浸染"于节目主持创作之中,形成高效运转的主持创作思路,即主持品质提升+主持互动至上+主持独立定制+主持影响活化+主持粉丝经济的动态模式,从而突破了传统上以时间为路径的单一结构,打造出直接对接受众需求的节目主持生产新思维。

(三) 构建节目主持全媒技术平台

"一切皆有可能"是信息技术革新带给节目主持最为鲜明的价值表征。电视技术冲破了传统主持空间的扁平狭窄范畴,形成了融合政治价值和文化价值的立体延展空间,进而在空间的无限生产中构建出具有"多屏合一"特征的节目主持全新空间——手机、电脑和电视搭建着节目主持全媒体平台。直播App、手机游戏、手机电视、MSN群及电视竞相在这一跃动空间中表现着个性化信息需求,扩展着媒体形式和路径,昼夜相间地进行着跨屏互动,节目主持于此间直面每个受众,把情感认知和审美情趣融合于其中,解构着媒体权威,还原着生活本貌,实现着表达多元,去中心化色彩日渐浓重。

四、媒介技术变革引发节目主持空间转向

列斐伏尔认为,空间是社会关系的再生产。索亚追随着列氏的研究足迹,从第三空间角度对空间与社会关系进行了后现代地理学意义上的批判,对后现代性的语境和事态进行界定。"恰如空间、时间和物质能划定并包含自然世界的基本特性,空间性、时间性和社会存在可以被看作这样一些抽象方面:它们一起构成了人类生存的一切具体方面"(爱德华·索亚,2004:39)。由此,在实在和隐喻,主观

和客观的融合统一中，新闻生产的客观性与信息时代的社会性形塑着社会生产的空间，它成为"活跃的当下环境又是创造性的先决条件"（陆扬，2008），节目主持在极具变革性的空间生产中解构着现实社会，重构着传播语境。

（一）信息传播中的节目主持叙事

列斐伏尔在社会空间重构中坚持本体论的空间"三元辩证法"——感知的、构想的、生活的空间，"这深得索亚垂青，事实上也成为贯穿之后知识和经验旅程的一根红线"（陆扬，2005）。沿着这一"旅行"线路推进，我们可以看到三种空间并非界限分明，彼此孤立，而是相互融通，彼此互动的生态格局。在媒介叙事构建的第一空间中，节目主持伴随着社会媒介化程度加深而发生着叙事多层面的深刻转向。

麦克卢汉及其他的跟随者们无不信奉着"媒介是人的延伸"这一命题。他们认为，技术是人的肉体某一器官的物化表现形态，是一种工具式的呈现方式。技术表达出人类对其自身和外部世界的理解认知，积累了人类表达话语的心理机制和构成形式，它将人类的叙事能力放置在社会空间格局中加以审视。在社会关系急剧更迭的时代背景下，节目主持叙事正在发生中心与边缘并行的空间转向。空间叙事模式依循时间与空间组合方式进行叙事表达。索亚曾言，阿姆斯特丹是欧洲向心力最强的城市，它的城区规划布局和功能体现出都市空间叙事的鲜明特征。与之一脉相承的是，媒介空间叙事也具有结构布局的开放性和功能效用的多元化。

节目主持叙事模式从单一维度的线性转为多向度的非线性叙事，事件元素并置于节目播出内容中，形成全景式报道形态，以用户群为叙事主体，在多种元素组合的虚拟空间中主持主体借助想象力发挥虚拟的力量，形构出想象的传播世界，加之情感投入，获取了传统媒体无法具有的叙事推力；叙事接受模式由播出主导转向为用户参与式，用户的信息需求与节目主持的时间进度相一致，极大缩短了相关叙事成本。这在霍华德·莱茵戈德眼中即是营造出一种"虚拟社区"，在互联网技术作用之下的在线社区，节目主持为现实生活中的不同人群提供了进行虚拟化叙事的空间，重构节目主持原有话语表达方式；叙事情境交融着节目主持人与用户之间信息传输和情感交流的互动融通。由主持人营造出的传播语境做好叙事情境的预设，加之与用户不同层面的沟通交流,双方共同构建当下的叙事情境,实现由真实环境转向为虚拟与真实共存,这样可以将复杂错乱的信息整合提升,可以引导受众增强信息获取的自主性。这三方面的叙事变革既有着媒介叙事语言的结构性和主体性,同时也强化了节目主持表达空间的开放性和兼容性,弱化了节目主持某些技术限制,规避了相关传播风险,解构了时间序列的历时属性,重构了节目主持与叙述、文本和故事三元素的组合方式。

(二)想象性的节目主持社会关系

"'第二空间认识论'……简言之是用艺术对抗科学,用精神对抗物质,用主体对抗客体。索亚认为,它是假定知识的生产主要是通过话语建构的空间再现完成,故注意力是集中在构想的空间……"(爱德华·索亚,2005:12)。精神世界展现出十足的魅力,表达观点和协调统筹成为反思的、主体的、内省的、哲学的活动。在不断解构和重构的想象世界中,上述活动的社会权力与空间和知识的联系密度在加大,权力拥有成为主体的哲学的社会实践,而技术加速着它的前行进程。

想象性的媒介"以'陌生人社交'的方式,延展了我们的社会'弱连带'关系,强化了其社交功能"(范红霞,2016)。那些具象和抽象的思维认知,那些充分发挥人类想象能力构建的社会空间,正在塑造着形式多样的社会角色,它们属于美国心理学家霍顿和沃尔所认为的准社会关系——"对媒介人物即时和更长时间的反应"(Horton D, Strauss A, 1957:579—587)。媒介增强现实的隐形力量将用户与媒介人物的关联属性设定为准社会交往或准社会行为。在更为广泛的意义上,建构出社交文化空间——一种社会权力的空间投射。网络传播加速着准社会关系在虚拟传播中的软着陆,进而影响着节目主持播散互动、共享的社会文化,召唤社会底层的呼声和意愿,改变着社会权力的旧有模式。一方面,孕育节目主持的文化母体已不再是僵化不前的社会体制,主持文化飞跃的现实起点已经置于平民世界中,传播活动与民众意愿的凝结成为现实,有着深厚积淀的平民文化成为新的文化母体,在其中生成的主持传播内容改变着人们的政治生活方式,包括社会权力再分方式。用户在更为自由、即时、互动的意见表达空间中参与着节目主持传播内容的建构与分享活动,凸显出社会权力网络空间化程度的加深。另一方面,具有节目主持特征的文化空间也在进行着自身的平民化社会权力生产。在数据信息占据前沿的当下,节目主持作为社会权力表征的"窗口",以媒介资源划分的形式置换着用户集群的社会关系,节目主持文化空间拥有传统技术无法比拟的社会权力生产能力,在网络技术的隐性推动下,政治权力、经济权力和科学文化知识权力不断衍生出多种正向价值和负向价值。妇女运动、人权运动和劳工运动在第二空间中蔓延滋长,以各具特色的想象力争取着社会权益,发挥出正向价值的先导作用,克服负向价值的侵扰干涉,扰动着现实社会的生态格局和网络世界的结构体系。

(三)开放性的节目主持空间重构

在第四次工业革命的加速推动下,我国社会生活环境发生巨大变化,表现尤为突出的是社会关系的更迭,与之相伴的是媒介化社会的加剧延展,人们被包裹在互联网技术世界中,我们不禁追问:上述分析的社会关系会使节目主持空间的结构属性发生怎样的变化?这种变化会怎样影响节目主持事业发展?

"韦伯认为,传统中国的社会关系表现出特殊主义的特征。基于人伦的社会关系结构进而支配着整个传统中国社会的社会结构与社会秩序"(纪莺莺,2012)。构造中国社会关系结构的主导力量来源于儒家伦理,这是建立在亲属关系和科层制基础之上的社会关系。在第四次工业革命急速推进下,社会关系发生深刻改变,空间表征的权力实现转向至互联网结构中,在虚拟技术和现实力量杂糅的对抗中,节目主持空间随之将第一空间与第二空间中感知的与想象的,历时的与共时的,同存的与序列的表达话语融入一个新的空间——第三空间中,渐次改变着空间结构。

20世纪60年代,列斐伏尔提出第三元学说,空间不再是历史与社会的简单结合,它是融合了历史和社会元素,并与这两者同存的第三个维度——"他者化—第三化"。"第三空间必须总是保持激进的开放姿态(同样也是开放的激进状态),接纳它有待把握和付诸实践的阐释洞见和策略力量"(爱德华·索亚,2005:135—136)。于节目主持而言,"第三空间"——开放性多元化表达空间,它是没有边界,没有藩篱的话语表征,是随着传播环境的变化而自动调整的柔性呈现。

传统媒体时代,主持人在传播中往往处于主导地位,以强势姿态设定内容议题与传播形式，既定性的结构框架明显。无论是广播这一"热媒介"还是电视这一"冷媒介"，都将主持人推至前端，以二元模式代表媒体进行"声觉空间"的建构与重组①，媒介形式与媒介内容高度一致，主持人在高度一致的信息传播框架中获得独有的主体地位。在由网络技术构建的媒介第三空间中，"网上的'门'不再把文本关在门内不让读者看，而是把这些门幻化为诱人的蝴蝶"（保罗·莱文森，2014：23）。人人皆可打开网络空间敞开的"大门"，共享开放性空间中的媒介资源。由此，节目主持成为媒介无边界组织的管理者，在组织边界模糊化和可渗透性中形构着一个极富生命活力的生物有机体，它具有各种"阀门"，可使用户的思想得以表达，情感得以宣泄。更为重要的是，信息、思想和能量在其中可以"穿越时空"，形成不固定和动态的组织形式，以柔韧的、灵活的并且能适应新环境的柔性管理方式进行节目主持诸环节资源配置。"柔性为组织提供了调整现在的实践以应对环境中变革因素的挑战"（郭志刚，2007：66）。

节目主持在市场经济多元化趋势中更为灵活地应对技术变革，根据传播议题和内容设置，把握市场的多元化趋势和环境的动态性，在柔性管理中凝聚空间内媒介人员与用户的组织关系，充分利用现代传播技术，特别是互联网技术，构建集虚拟化、非结构化、无边界化的人际传播结构，以此改变传统媒体节目主持旧有传播机制，提高信息管理效率，增强节目主持适应市场变化和调整自身结构能力。弹幕技术表现出节目主持无边界组织的流动性和适应性，在整合中心—边缘的信息素材中"自行选择弹幕的呈现形式——置于顶端、底端、跑屏甚至是全部的'弹幕'"（马凯文，2015：20），表达出对节目内容、影视人物、故事情节、情感体验的观点见解，分享与他人交流的乐趣，构成以个体为中心的隐性主持场域。人人皆是视频播放的"主持人"，他们在网络传播构建的空间中娴熟使用着节目主持传播技术，以集群形式发声，不同个体的相同或相近的情感体验产生持久的长尾效应，形成长时间的情感凝聚状态。在中心与边缘交错呈现的话语表达中，"主持人"于无形间摒弃了时间序列的决定属性，将时间与空间同存共生的关系形态融于主持实践中，解放了节目主持空间生产力，改变了二元主持关系——非你即我，形成"你中有我，

---

① 莱文森. 数字麦克卢汉：信息化新千纪指南[M]. 何道宽, 译. 北京：北京师范大学出版社.

我中有你"的新型关系,将节目主持内容生产、品牌构建和传播路径等系列生态元素统筹于节目主持实践中。

五、结语

媒介传播的空间转向延伸着节目主持的时空向度,体现着传播技术与传播内容的融合凝聚,由此带来的是节目主持空间转向的场景维度逐渐加大,尤其在"场景五力"的加速作用下,未来,节目主持的场景化发展将会凝结公众更高层次的关注度。

(一) 全景沉浸主持场景的深度体验

技术效果与技术体验的高度结合,可以现实360°全景式体验,在现实场景基础上建立的虚拟混合场景构建出沉浸传播语境,"沉浸传播是一对一精准定位传播,在这个动态的传播过程中,不断对所传播的对象进行定位,即时调整信息内容"(李沁,2017)。于此间,主持人在不受任何空间限制的全景中传播视域更为宽广、传播指向更加多维。借助可穿戴式摄影机(向永心,2017:29),主持人可与周围360°场景实现直接对话,"瞻前顾后"式的主持成为可能,以主持人为圆点建构的主持场域呈放射状辐射至圆形范围内,主持人可以通过视觉和听觉与他人进行身体互动和信息交流,每个人在全景开放的主持空间中获得现实场景与虚拟场景交织更迭的极度体验。在场景渲染和情绪渲染的结合中,节目主持人带领人们回归到声觉空间的自由表达中,我沉浸其中、我体验的传播场景中,社交网络中生产着不同空间的信息节点,个人对话和公共对话被彻底打通融合,个性化主持需求日益多样纷呈。

(二) 网络评论与纪实话语的深度融合

现代信息传播既注重公众"在场感"的需求,也关注其对"历史感"的探寻,两者有机结合可使公众置身于连贯通达、节点紧密的网络传播语境中。与之相应的是节目主持语言生态的网络评论与纪实话语深度融合。与传统媒体主持人承担"在场感"话语表达者不同,这里的主持人更注重对过去时和现在时的语链接合。

网络技术使传播处于"失控"状态,"能否失控很重要,意味着受众自发地或者不自觉地充当了事件的传播节点,网络被动员起来,每个节点都像无线电的载波中断放大器一样,使事件像涟漪一样扩散开来"(仇勇,2016:113)。主持人于此间自然表达出网络群体观点,有效运用"一点直射"和"多点散射"的表达模式与公众进行理性与感性交织的对话交流。所谓"一点直射"指把评论与纪实"编织"为一条线索,评叙结合,相对平衡,主持人和公众运用这种表达方式可产生出思想火花的碰撞,认识思维的冲击;"多点散射"是将评论和纪实分而表达,两条线索时而平行,时而交织,主持人根据节目创意和传播目的灵活调控两条线索的运动轨迹。2017年9月至10月,中央电视台推出的大型全媒体特别节目《还看今朝》就是这一表达样式的生动例证。演播室主持人与场外主持人充分运用在线评论与纪实话语相结合的表现手法,在两重话语模式的并置与转换中,构建出现场感受与过往重拾的表达路径。该节目直播技术将现场体验和信息采集编织为"一点"和"多点"的网络样式,节目空间转向得以淋漓尽致地体现。

(三)人工智能与现实场景的深度对接

媒体产业革命的创新浪潮强势席卷着人类社会的各个层面。人工智能就是这一革命浪潮的活跃因子。智能化作为高新技术表现重新构建着人与媒介、人与信息的关系,生产出新的新闻产品,它与大数据、社交媒体的高效契合,使信息传播格局发生重大逆转。

在节目主持领域,对于它的应用主要是与现实场景的深度对接。正如梅洛维茨提出的"独特的行为需要独特的情景"。以真人思想、情感为原型,开发与之个性和情感相近的具有超强"智商"的智能机器人,在不同的场景中生成相应的语言表达样式,协助主持人或独立完成场景前台与后台的工作衔接,获取不同场景中的信息传输和情感样式,以实现节目主持活动。一方面,智能机器人在与人类共同进行的主持活动中,它在数据抓取、信息存储、识记辨认和可视化呈现等方面都延伸着人类的肉体器官,使主持人快速适应不同场景,在播报财经新闻、体育新闻和天气预报时,根据智能机器人写作的稿件进行传播目的明确的报道,解放了客观束缚,发挥了自身潜质，形成了报道特色。另一方面，智能机器人独立完成主持已成现实。《纽约时报》以政治记者尼克·密瑟为原型开发了一个基于记者自身个性和魅力的智能机器人NYT Politics Bot，用他的声音来为读者播报每日总统大选选情，加强与读者交流的亲近性，创造与读者一对一交流互动的体验。日本于近期研发成功的智能机器人Kodomoroid，能够发出低沉男性嗓音和音调较高的女声，并可以幽默的谈吐展现其完美的语言能力，播报地震和美国联邦调查局突击行动的新闻更让人们大感惊奇。①

参考文献

[1] 索亚. 第三空间：去往洛杉矶和其他真实和想象地方的旅程[M]. 陆扬，等译. 上海：上海教育出版社，2005.

[2] 索亚. 后代地理学：重申批判社会理论中的空间[M]. 王文斌，译. 北京：商务印书馆，2004.

[3] 列斐伏尔. 空间与政治[M]. 李春，译. 上海：上海人民出版社，2015.

[4] 列斐伏尔. 马克思的社会学[M]. 谢尔康，等译. 北京：北京师范大学出版社，2013.

[5] 拉夫莱特. 美国电视上的科学[M]. 王大鹏，译. 北京：中国科学技术出版社，2017.

[6] 麦克卢汉. 理解媒介：论人的延伸[M]. 何道宽，译. 南京：译林出版社，2011.

[7] 曹世华. 新媒体技术应用与实践[M]. 杭州：浙江大学出版社，2017.

[8] 曾志华. 中国电视节目主持人文化影响力研究[M]. 北京：北京大学出版社，2009.

[9] 高贵武. 主持传播学概论[M]. 北京：中国传媒大学出版社，2007.

[10] 李建刚. 技术变革与广播媒介转型[M]. 北京：中国传媒大学出版社，2011.

[11] 陆扬. 后现代文化景观[M]. 北京：新星出版社，2014.

[12] 尚恒志. 新媒体技术[M]. 武汉：华中科技大学出版社，2017.

[13] 吴宁. 日常生活批判：列斐伏尔哲学思想研究[M]. 北京：人民出版社，2007.

[14] 谢纳. 空间生产与文化表征：空间转向视阈中的文学研究[M]. 北京：中国人民大学出版社，2010.

---

① 参见刘滢的《如何让"智能机器人"成为好记者——人工智能时代新闻业的行动与思考》和环球网科技的《日本研发全球首款可播报新闻智能机器人》。

[15] 许立勇. 中国近现代媒介技术演进与文化传播途径研究[M]. 北京: 红旗出版社, 2015.

[16] 张咏华. 媒介分析: 传播技术神话的解读[M]. 上海: 复旦大学出版社, 2002.

[17] 周德刚. 文化软实力的哲学研究[M]. 沈阳: 东北大学出版社, 2016.

[18] 黄继刚. 爱德华·索雅的空间文化理论研究[D]. 济南: 山东大学文学院, 2009.

[19] 刘秀梅. 多元媒介融合背景下电视节目主持的机遇与挑战[D]. 杭州: 浙江大学人文学院, 2009.

[20] 向永心. 基于媒介场景理论的网络视频直播研究[D]. 南昌: 江西财经大学人文学院, 2017.

[21] 彭兰. 场景: 移动时代媒体的新要素[J]. 新闻记者, 2015（3）: 20-27.

[22] 陆扬. 析索亚"第三空间"理论[J]. 天津社会科学, 2005（2）: 32-37.

[23] 陆扬. 社会空间的生产: 析列斐伏尔《空间的生产》[J]. 甘肃社会科学, 2008（5）: 133-136.

[24] 董卿. 寓有效传播于主持艺术: 探讨央视"青歌赛"的节目主持艺术之道[J]. 中国广播电视学刊, 2010（6）: 65-67.

[25] 高贵武. 中国电视新闻评论中的人格化演进[J]. 国际新闻界, 2014（10）: 119-131.

[26] 郜书锴. 场景理论: 开启移动传播的新思维[J]. 新闻界, 2015（17）: 44-48.

[27] MALIN B. Feeling mediated: a history of media technology and emotion in america[J]. Journal of American History, 2015（2）: 102.

[28] MOORE J. Critique of everyday life[M]. London: Verso, 1991.

[29] HARVEY D. The condition of post modernity: an enquiry into the origins of cultural[M]. London, Cambridge, MA: Blackwell, 1996.

[30] HARVEY D. The new imperialism[M]. Oxford: Oxford University Press, 2003.

[31] GARETH E. Watch this space: an interview with edward soja[J]. Discourse, 1992, 14（1）: 217-225.

[32] LEFEBVRE H. Introduction to modernity[M]. MOORE J, trans. London: Verso, 1995.

[33] CROSS K. Home truths? video production and domestic life video cultures: media technology and everyday creativity[J]. Screen, 2012（2）: 53.

[34] SCHECHNER R. Performance studies: an introduction [M]. New York: Routledge, 2002.

[35] SOJA E W. Book review: independent development[M]// BROOKFIELD H. Annals of the Association of American Geographers, 1978, 68（1）: 119-123.

[36] SOJA E W. Morales, Rebecca and Wolff, Goetz ., Urban Restructuring: An Analysis of Social and Spatial Change in Los Angeles[J]. Economic Geography, 1983(2): 59.

[37] SOJA E W. Regions in context: spatiality, periodicity, and the historical geography of the regional question[J]. Environment and planning D: society and space, 1985, 3(2): 175-190.

[38] SOJA E W. Response to Kurt Iveson: social of spatial justice? Marcuse and Soja on the Right to the City[J]. City: Analysis of Urban Trends, Culture, Theory, Policy, Action, 2011, 15(2): 260-262.

[39] SOJA E W. Spatializing phronesis: a critical evaluation of real social science[J]. The British journal of sociology, 2013, 64(4): 752-758.

[40] SOJA E W. The social-spatial dialectic[M]//Annals of the Association of American Geographers, 1980, 70(2): 207-225.

新媒介技术嵌入"身体"实践：理解主持传播的智能主体

◎ 薛　翔　杨　航[*]

摘要：本文借鉴身体社会学的相关理论，以行动模式为基点，探讨当新技术嵌入主持传播活动过程中，其智能主体如何进行"身体"实践的。研究认为，在当前的主持传播活动中，"人－机互动"是其智能主体进行新技术实践的显著特征，物理空间的"在场"和赛博空间的"缺席"是主持传播中"身体"存在的两种基本状态。作为主持传播活动的内核所在，人格化和人际化始终是"身体"实践不可忽视的因素。同时，在主持传播活动中，智能主体的"身体"实践主要体现在内容生产、信息播报和情感交流三个维度，此外，还要警惕智能主体被新技术驯化，避免成为"身体"实践的数字劳工。

关键词：身体　主持传播　智能主体　人工智能　AI 主播

一直以来，"身体"不仅被大众媒介所遮蔽，更是被主流传播理论的研究所忽视。为何"身体"如此不受重视？甚至"身体"被当作是大众媒介的边缘物。原因之一在于，探讨"身体"实质是在思考人的主体性，而人的主体性不言而喻，"以身为媒"不过是时时见、处处见的现象，不足以纳入研究之中。然而，当大众媒介不再拥有至高无上的地位时，随着迭代升级的新技术介入，"身体"又该走向何处？考虑到中国的社会语境，有社会学学者进行了一系列生活中的"身体"研究，试图从主体理解和日常实践两个角度探讨"身体"[1]，新闻传播学者[2][3][4][5]则从自身学科的发展进行了深入而广泛的讨论与对话。作为与"身体"紧密勾连的主持传播领域却鲜有理论化、学术化的探讨，因此，探讨主持传播中的"身体"便具有了学理价值。一般而言，主持传播是以主持人作为传播主体而实施的传播活动。[6]由此可见，"身

---

[*] 薛翔，中国人民大学新闻学院 2018 级博士研究生；杨航，中国人民大学新闻学院 2018 级硕士研究生
[1] 黄盈盈. 性/别、身体与故事社会学[M]. 北京：社会科学文献出版社，2018：1.
[2] 刘海龙. 传播中的身体问题与传播研究的未来[J]. 国际新闻界，2018（2）：37-46.
[3] 孙玮. 交流者的身体：传播与在场——意识主体、身体－主体、智能主体的演变[J]. 国际新闻界，2018，40（12）：83-103.
[4] 杨保军. 简论智能新闻的主体性[J]. 现代传播（中国传媒大学学报），2018（11）：32-36.
[5] 付玉. 略论虚拟现实技术与身体"在场"之关系[J]. 东南传播，2018（11）：4-7.
[6] 高贵武. 主持传播学概论（第二版）[M]. 北京：北京大学出版社，2019：1.

体"在主持传播活动中的地位不言而喻。

2018年年底,新华社与搜狗公司联手开发的"AI合成主播"诞生;2019年,"小小撒"(撒贝宁的AI虚拟孪生主播)登上央视网络春晚的舞台;2019年2月,站立式AI合成男主播"新小浩"以及"两会"期间亮相的AI合成女主播"新小萌"逐渐走进观众视野……这些现象的出现,引发了高校中播音主持艺术专业师生的热议。作为传播学研究的分支,主持传播需要回应上述问题。通常而言,主持传播是一种处于人际传播与大众传播之间状态的传播活动。① 而类似智能机器主持人等主持传播活动中的智能主体出现,我们又该如何理解新技术实践之下的"身体"?以及智能主体又是怎样进行主持传播活动实践的。对于以上问题的回答,既具有学理上的意义,又具有实践层面的价值。而身体社会学通常包括两种理论模式,一是结构模式,二是行动模式。② 本文将以行动模式作为考察基点,关注主持传播活动中的身体实践,尤其是智能主体如何通过"身体"建构、表现自我并进行社会互动的。

一、"人-机互动":主持传播中智能主体的新技术实践

20世纪80年代初,"人-机互动"(Human-Computer Interaction)这一概念开始被提及,其形成于1983年美国计算机协会举办的人-机交互特别兴趣小组会议和《人-机互动心理学》杂志的出版。通常而言,"人-机互动"主要是指一种以交互方式来进行信息交换的过程。③ 随着技术的不断迭代升级,智能化、虚拟化的"人-机互动"逐渐流行起来。目前,新华社与搜狗公司联合发布的"AI合成主播"就是其中具有代表性的实践案例。据官方介绍,"AI主播"通过提取真人主播新闻播报视频中的声音、唇形、表情动作等特征,运用语音、唇形、表情合成以及深度学习等技术联合建模训练而成。④ 这表明,"AI主播"的本质依然是以人为原型进行模仿后的新技术实践载体,为观众带来的则是一种介于人物原型和新技术之间的"感知界面"。与"AI合成主播"颇为相似,有研究者从认知心理学的视角指出了"感知界

---

① 高贵武. 解析主持传播 [M]. 北京:北京广播学院出版社,2004:18.
② 赵方杜. 身体社会学:理解当代社会的新视阈 [J]. 华东理工大学学报(社会科学版),2012(4):27-35.
③ 阴雅婷. 西方传播学对人机互动的研究及其启示 [J]. 新闻界,2017(2):89-94.
④ 新华网. 全球首个"AI合成主播"在新华社上岗 [EB/OL]. (2018-11-07)[2019-03-01]. http://www.xinhuanet.com/2018-11/07/c_1123678126.htm.

面"这一现象。他们认为,感知常常是因为网络媒介中的内容而产生,而感知又与媒介所呈现的文本、声音、图像等元素有着直接关联。换言之,人们所拥有的"在场感"与"沉浸感"是由多媒介建构而成的,而多种元素的呈现是其重要保证。①

英国社会学学者克里斯·希林(Chris Shilling)认为,身体的发展经历了三个过程,即身体规划、身体选择和身体规制。作为具有"人-机互动"实践特征的智能主体,AI主播也是"身体"建构、表现自我并进行社会互动的产物之一。在身体规划过程中,AI主播的原型至关重要,包括真人主播的面部表情、声音、肢体动作、穿衣风格等外在因素都要纳入身体规划的考量之中,真人主播与AI主播的区别就在于人格化的呈现。在主持传播活动中,真人主播与观众之间往往保持着较为持久的联系,这种联系依靠的是真人主播的性格、魅力、谈吐等人格化要素,而AI主播需要参考并借鉴合适的真人主播原型进行数字化的人格呈现,进一步打造属于自己的观众粉丝圈。新华社的AI男主播"新小浩"和AI女主播"新小萌"就是以真人主播邱浩和屈萌为原型培育而成的,他们自身的基本素质和人格魅力使得AI主播也带有了真人主播的特质,在短时间内将一批观众"圈粉"。在身体选择过程中,AI主播的"身体"实现了从平坐式到站立式的变化,这种变化是由智能主体的现实情况决定的。AI主播的产生基础是真人主播的表情、声音、肢体动作等一系列海量数据形成的模型,尽管在起步阶段,AI主播依然面临着表情僵化、发音机械等缺陷,但随着新技术的不断实践和探索,将自然语言理解能力等高级语音合成融合进生产过程中,AI主播也能够实现基本的主持传播活动。当然,AI主播在进行主持传播活动过程中,还要受到"身体"的规制,体现在技术的规范和情感的制约。新技术的迭代升级总要不断适应现实社会的发展,人工智能为AI主播助力的同时,也不可避免地存在不足,其中之一就是难以将真人主播的全部数据置于AI主播的智能主体中,而是尽可能还原真人主播的基本状态。另外,由于新技术的规范,AI主播也不会像真人主播一样拥有人类的情感,其传达的人格化符号也受到了情感功能发挥的制约。总而言之,在主持传播活动的过程中,作为智能主体的AI主播始终参与到"身体"的建构、表现自我和社会互动中,进而借助新技术实现"人-机互动"的主持传播实践。

---

① REEVES B, NASS C. Perceptual user interfaces: perceptual bandwidth[M]. ACM, 2000.

二、"在场"与"缺席":主持传播中"身体"的呈现状态

毋庸置疑,主持传播活动的主体始终围绕人而进行,因此,"身体"在主持传播活动中具有不可替代的作用。在新技术的升级过程中,主持传播活动的"身体"也呈现出了两种状态:物理空间的"在场"与赛博空间的"缺席"。

(一)"在场":物理空间中肉身实体的形象呈现

人们日常生活中的交流和沟通均是以人际传播为基础的,口口相传、面对面式的信息传递是有效的传播方式。在传统的主持传播活动中,主持人是在物理空间的电视屏幕面前向观众播报新闻资讯,这种形象呈现是以肉身实体的存在为基础。主持人能够自主地调整面部表情、肢体动作,在电视屏幕前通过微笑、声音等多种表达符号展现个人的魅力与风格,而观众也能够直观地看到主持人的外在实体,形成一种物理空间的在场交流。与此同时,主持人可以随时随地与观众进行互动,彼此分享拥有的在场体验和情感共鸣。此外,在电视节目之外,主持人也在现实生活中与节目观众产生进一步的互动交流,肉身实体的形象呈现由线上屏幕转向线下场景,主持传播中的"身体"发生了时空变化。应该说,肉身实体的在场是情感得以形成的前提,没有"身体",情感的卷入就会呈现对空言说的状态。传统媒体的主持人也开始进入新媒体领域,将原有的社会影响力进一步提升与拓展,出现了一批网络主持人,可见"转型"成为主持传播的未来发展态势。[①]由此,在主持传播活动中,无论是传统媒体上的主持人,还是网络平台的主持人,"在场"都是以肉身实体为基础,通过表情、声音、肢体动作等呈现物理空间的主持形象,实现良好的主持传播效果。

(二)"缺席":赛博空间中虚拟载体的技术赋权

在赛博空间中,"缺席"并非意味着"身体"的不在场,而是代表一种基于影像视觉的虚拟在场。类似"AI主播"的智能主体,凸显的正是图像的呈现意义,换句话说,图像是一种最具在场效果的符码信息。随着新技术的不断发展,信息化社会

---

① 高贵武,刘娟.新媒体环境下的主持传播格局演变[J].国际新闻界,2016(3):6-19.

已经到来，虚拟在场有时比实体在场显得更为重要，而名人的影响力主要就是依靠虚拟在场而营造的。①例如，著名主持人白岩松在电视屏幕前常常给观众一种严肃犀利的感觉，但却观点鲜明，以接地气儿的表达收获了一批忠实观众粉丝，当白岩松的肉身实体"缺席"在电视节目中，观众仍然能够感受到其表达风格，并推动其个人魅力的进化。从本质上看，赛博空间中的"身体"主要以技术为支撑，通过符号形式的模拟、复写和再现，用技术赋权的虚拟载体代替肉身实体的隐退，以此营造身体在场的虚幻假象。②新技术实践过程中建构而成的"身体"使得人-机交互得以进展，并促使智能主体参与到现实社会互动中。在主持传播活动中，这种通过技术赋权而成的智能主体最典型的代表就是虚拟主持人，例如"微软小冰""新小萌""新小浩"等，这些虚拟主持人均以真人的肉身实体为原型，采用多种新技术和算法形成虚拟载体，尽管他们没有人类的情感，但仍然获得部分观众的青睐和喜爱。

三、人格化与人际化：主持传播中"身体"的实践内核

英国学者希林将身体视为一种兼具生物性与社会性的未完成现象。③从身体社会学的视角来看，前者侧重于自然主义身体观，后者则更加偏向于建构主义的身体观。在主持传播活动过程中，智能主体既是一种具有自然生物特性的"身体"，又是一种具有社会互动要求的"身体"，这突出表现为"人格化"与"人际化"两种重要内核。而人工智能的出现，则会促使主持传播向着人际性和人格化不断进化。④

一方面，作为具有生物性的"身体"，主持传播活动中的智能主体是以现实生活中的人物为原型进行信息采集和模拟而成的，因此，智能主体拥有人的某些特征，如面部表情、说话声音、手势姿态等。从自然主义的观点来看，人类是一种高级生物，通过劳动的形式不断发展进化，这其中，"人格化"的情感表达尤其重要，换言之，人类进行的是一种具备人格化的"情感劳动"。在传统的主持传播过程中，主

---

① 赵建国. 身体在场与不在场的传播意义 [J]. 现代传播（中国传媒大学学报），2015（8）：58-62.
② 刘婷. 在线社交中的身体悖论 [J]. 新闻界，2018（10）：65-74.
③ 希林. 身体与社会理论（第二版）[M]. 李康，译. 北京：北京大学出版社，2010：12.
④ 高贵武. 生还是死：技术变革视野下的主持传播 [J]. 中国主持传播研究，2018（1）：6-13.

持人需要通过外在仪表和内在魅力吸引观众收看节目,诸如"面部表情""表达语气""仪表妆容"等不同元素构成了"情感劳动"的基础。这种"情感劳动"往往是基于自身主动发生的行为,目的在于赢得观众对主持人及其节目的认可。随着新技术的升级,诸如"AI主播"等智能机器主持人的出现则超越了先前的"情感劳动",转而走向"技术劳动"。所谓"技术劳动"是指主体因技术的推动和支撑而开展的劳动行为,而智能机器主持人就是一种借助人工智能技术进行信息传递的智能主体。然而,就目前实践情况来看,类似"AI主播"等智能机器主持人尚不具备"情感劳动"的条件,传统主持人所拥有的情感只能寄托于智能机器主持人的载体之上。

当然,从另一方面来看,主持传播活动中的智能主体可以实现"人际化"的呈现效果,也就是说,智能主体能够通过与观众进行现实的社会互动来维持自身形象和功能的良好发挥。实质上,这种"人际化"的特征体现在"身体"与社会实践之间的相互勾连,可见"身体"在人际化互动中具有重要意义。希林将"身体"视为一种自我认同与社会认同之间的中介,不同的身体形式与展演也被赋予了不同的社会意义,甚至影响个体对于自我和内在价值的感受。[1]智能主体虽然并非人类的肉身实体,只是一种数字化媒介技术支撑下的再现身体形式,但其仍以人的表现身体为原型,参与现实生活中的信息播报、交流对话等活动,发挥着进行人际化的社会交往作用。"身体"对于智能主体而言,最突出的意义在于其和社会接触中所起到的联结作用,这种作用使得智能主体的"身体"有了空间的转向,即不再依附于固定的场所,而是通过多种新技术打造一种能够进行信息播报和对话交流的虚拟空间,在此空间中,智能主体能够借助真人原型的社会影响力和知名度,实现主持传播活动中人际化的互动目标。

四、主持传播中智能主体的"身体"实践反思

随着新技术的介入,作为主持传播活动中的智能主体,"身体"的重要意义不言而喻。英国身体社会学学者希林认为,身体是未完成的实体,要通过参与社会

---

[1] 希林.身体与社会理论(第二版)[M].李康,译.北京:北京大学出版社,2010:79.

活动才能形成，并被烙上社会阶级的标记。①事实上，这一观点带有明显的建构主义色彩。反观智能主体，其就是以真人的肉身实体为原型，按照希林的观点，若想成为真正的"身体"，还需要参与到一系列的社会活动中，实现"人-机互动"的实践特征。

那么，如何理解新技术实践之下的"身体"？主要在于理解主持传播活动中"身体"呈现的两种状态：物理空间的"在场"与赛博空间的"缺席"。前者意味着主体以肉身实体为基础，通过表情、声音、肢体动作等元素呈现物理空间的主持形象，例如真人主播、网络主持人等；后者则是指以数字技术为支撑的赛博空间虚拟载体，本质上是一种具有在场效果的影像视觉，例如虚拟主持人、AI主播等。就目前来看，"在场"和"缺席"的状态并不是说"身体"的出现或隐藏，而是指"身体"所蕴含的人的特质是否能够呈现。"在场"的主体是具有人格化的情感，"缺席"的主体显然不具备情感的表达，因而，情感可以被视为主体"在场"或"缺席"的判断标准之一。

进一步说，本文基于身体社会学的行动模式，重在考察主持传播活动中智能主体的"身体"实践，亦即如何参与到社会互动之中。研究认为，智能主体的"身体"实践表现在内容生产、信息播报和情感交流三个维度上。在主持传播活动中，首先，智能主体的内容生产体现为信息的采集，这一过程主要是以收集海量数据为主，通过采集技术将真人主播的声音、表情、唇形等基本特征置入虚拟主播的"身体"，为信息播报环节打下基础；其次，智能主体的信息播报则依赖于算法技术，以算法技术为核心进行信息的编辑和聚合，生成播报信息的自然语言文本；最后，智能主体完成基本的"身体"实践后，还要参与到社会互动之中，即实现人格化和人际化的实践目标，然而，这种实践并非是虚拟载体与真人主体之间直接的互动，而是将赛博空间中的虚拟载体作为中介，还原真人主播与观众之间既有的情感交流。在未来的研究中，还要重新思考新技术与人类之间的关系，警惕智能主体被技术所驯化，避免成为"身体"实践的数字劳工。

---

① 希林. 身体与社会理论（第二版）[M]. 李康，译. 北京：北京大学出版社，2010：123.

播音主持史论研究

栏目主持：胡黎娜

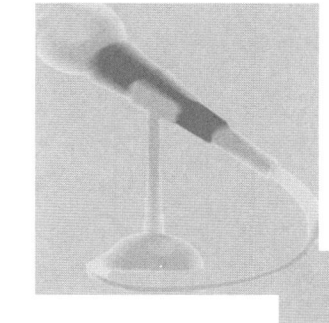

融媒体时代播音主持创作价值论

◎ 金重建*

摘要：播音主持创作主体即播音员主持人，其劳动产品是广播电视网络的可视听节目。播音主持创作价值体现在创作主体通过节目创意、采编、播音和制作，将节目内容送达受众、网民、用户的耳目与心田，活跃他们的思维状态，激发他们的生活兴趣和工作动力。现代电子技术飞速发展，在某种意义上改变了播音主持的创作生态，技术含量成为融媒体时代播音主持创作价值的重要元素，但思想含量在创作活动中仍起着提纲挈领的作用。同时，失去艺术含量这个创作核心，传播的感染力也将失去。

关键词：融媒体播音主持　创作价值　技术　思想　艺术

价值就人类社会而言，是人们在社会实践过程中对自身存在与发展本质的认识和评估。马克思曾将价值定义为：凝结在商品中的无差别的人类劳动。其中的"商品"是指用来交换的劳动产品，"无差别"则指劳动产品可以用来交换的社会平均劳动时间。即：在现有社会正常的生产条件下，在社会平均的劳动熟练程度和劳动强度下，制造某种使用价值（劳动产品）所需要的劳动时间。

播音员主持人作为在广播电视网络节目中出声露面的创作主体，其劳动产品是广播电视网络的可视听作品和节目。从商品经济角度考察，播音主持创作主体能标明自身价值，可用来与受众、网民、用户交换的是作品和节目，作品和节目制作所花费的成本、时间、精力就是交换价值。播音主持创作价值的劳动过程和目的就是：创作主体通过节目的创意、采编、播音和制作，将节目内容送达受众、网民、用户的耳目与心田，从而活跃他们的思维状态，激发他们的生活兴趣和工作动力。这里，节目的收视时间和流量作为交换价值的中介，其消耗就是金钱货币的消费。和一般物与物交换不同的是，受众、网民、用户通过消费金钱货币换来的应当是一种精神享受。所谓消费的值与不值，和作品、节目所能给予的精神享受得益与否和程度深浅密切相关。从思想传播角度考察，广播电视网络作品、节目的价值体现，正在于它

---

* 金重建，浙江传媒学院播音主持艺术学院教授，主要研究领域：播音与主持艺术。

们给予人们的精神愉悦。播音主持创作主体为作品和节目价值所花费的体力与脑力交织的劳动时间，其他任何"交换价值"均无法与之相比，它直接蕴含于作品、节目之中，最终以有声语言和副语言的形式呈现在接受主体面前。

融媒体时代，凭借飞速发展的现代电子技术，传播的工具手段不断涌现、五花八门。从传统的报纸、收音机、电视机到现代的台式计算机、平板电脑、手机等，从单一的文字、声音、形体、图像到图文声形并茂，从演播室的静态、直线性播出到现场的动态、交互性播出，一次次技术革新引发、推动着节目的一轮轮创制革新，给播音主持创作主体带来的挑战与机遇并存，播音主持用来交换的价值"含金量"因此也变得日益丰富和厚重。

一、融媒体时代播音主持创作价值的技术含量

（一）融媒体时代播音主持技术层面的创作价值

融媒体时代，传播的速度和范围不停地增长与扩大，以至于整个世界成了"地球村"。当今各国传媒多以作品和节目的形态报道新闻、传递政令、反映民生、传承文明文化、提供服务和娱乐等。作品、节目形态不断变化，一是为适应和满足人们日益提高的精神需求，二是源自传播技术的不断革新和突破。播音主持创作主体伴随着作品和节目的诞生而诞生，伴随着现代电子技术的创新而创新。最为明显的是有声语言和副语言创作上的变化。从播报式到谈话式，正是因为传播技术的进步而发生的改变。录播时代，创作主体面对话筒，懂得话筒的不同型号与功能，可以获得最佳的收声效果。直播时代，直、录播设备交融，创作主体熟悉调音台各路操作，通晓直播连线和现场直播设备的使用，就能坦然应对各种突发事件。播音主持艺术创作向来离不开技术要素的支持。已有的技术条件既是构成作品和节目创作环境的基石，也是取得良好播音主持传播效果的关键。

融媒体环境下，广播电视网络多元化发展、个性化成长，播出平台和客户端相衔接，国家级、省级、地市级、县级等各级各类电子媒体，包括自媒体，动动手指就能知悉一切。节目的创意采编播录合成，从线性到非线性，从线上到线下，再到

线上线下联动,既拓展了播音主持创作主体的创作思路,又促使创作方法不断有所调整与变化。懂得数字技术,熟练运用音视频摄录、音视频剪辑与特效加工,根据需要能与不断开发出来的网页技术(如H5技术)等结合起来创作,已经构成播音主持创作价值反映在技术层面的重要元素,也是融媒体环境下播音主持创作主体有声语言和副语言创作的重要组成部分和必备能力。如果不能将有声语言和副语言与节目播出的其他因素有机融合,就很难圆满完成话筒、镜头前的播音主持艺术创作。

加拿大学者麦克卢汉"媒介即信息"的论断提示我们,媒介的使用直接"影响了我们理解和思考的习惯"。关心、重视创作环境的变化,学习、把握好与作品、节目相关的技术要素,处理、发挥好每一技术要素的具体功能,主动将技术含量纳入播音主持创作的价值体系,成为融媒体环境下播音主持创作活动的必然要求。

(二)融媒体时代播音主持技术运用与艺术创作的互补性

融媒体时代各种传播工具交叉借鉴、交融运用,图、文、声、形合为一体,却并非意味着一定要平分秋色。一部作品、一个节目,题材、内容选择、确定之后,如何表现这样的题材内容?一要看播出平台;二要看传播对象(接受主体);三要选择适宜的语体;四要选择适合的表达方式;五要根据传播宗旨,综合整理剪辑成型。其中,适宜的语体、适合的表达方式是播音主持获得成功的要诀。除了播出团队的采编实力外,技术实力对播音主持艺术创作的互补性也尤为重要。

中央广播电视台2017年以主持人名义在朋友圈介绍、发布全国人大、政协"两会"专题新闻。节目运用谈话体,加上网上通用的流行语,拉近了与用户的交流距离,扩大了节目的视听率,消弭了广播电视的原有界限,展示了融媒体的特色。其中,网页制作技术的支持,是成就此种类型节目的重要因素。同样,如果没有VR技术运用于2016年"天宫二号"的电视报道,将虚拟的图像和文字信息与现实生活景物结合在一起,接受主体就不可能和主持人共同沉浸在"虚拟现场",身临其境地感受航天生活。

懂得并学会运用新制作技术,不仅对传统采编播制作模式的改进、提高起着助推作用,也影响到播音主持创作主体的有声语言和副语言创作。如创作主体的声音、形体中无法展现的,活动影像能及时予以补充;活动影像不能够做出清晰说明的,创作主体的有声语言和副语言就有了用武之处。

2018年7月5日,泰国普吉岛《凤凰号》豪华游船因遭大风袭击而倾覆,船上40多名中国游客遇难。媒体记者报道浙江金华一郑姓游客,一家5口4人遇难,夫人、儿子儿媳和孩子都没了,只剩下老人一个。文字报道这样写:老人坐在那里,手一直按着自己的胸口,心痛到无法言语。它让读者有所联想和想象。而影像实录让人们看到:老人刚开始的叙述,神态、语气并没有让人感觉有多沉重:巨浪狂袭,船体晃动,脚部受伤的妻子让老人放松紧拉的手,说了句"你不要拉我",却万万没想到巨浪再次卷起,船体瞬间翻了个个儿,人迅速沉入海底。影像中的老人在抖开手中的袋子时,里面装的是一条妻子穿旧了的连衣裙、女儿的条纹T恤衫和米色短裤、女婿的POLO衫和一根休闲皮带。他说了一句:"现在谁也不知道该怎么办。"就在这一刹那间,他转过脸去开始哽咽……老人的心灵苦痛就这样不动声色地被影像实录技术揭示出来。

央视新闻客户端2018年7月27日报道高铁北京南站"黑车"乱象:每天子夜时分,南站北广场外,乘客、公交、私家车、出租车,混在一起,乱成一团。报道用照片和录影配合说明。播音主持创作主体在串接这篇报道的文字和影像过程中,充分发挥了有声语言补充、说明和评论的作用:"设计高标准的车站,配套服务为何却屡遭吐槽?""问题持续存留,是解决不了还是不解决?"如果没看到"乘出租车入口"的牌子,只听那此起彼伏的讨价还价声,"会让人误以为走进了菜市场,'黑车司机'正在毫不掩饰地拉客,漫天要价":北京南站到公主坟11.4公里要价200元。这还不算贵,还有更贵的:先问你"报销不报销",再问你"拼不拼车","不报销拼车1人一百,不拼车1人三百"。正好是正常打车费的十倍。"这些拖着行李疲惫等车的身影正是'黑车'司机眼中的'猎物',他们瞄准了乘客焦急等车的心理(等两小时也走不了)。"播音主持创作主体对现场录影的描述和"黑车"司机最后的搭腔"这钱好挣吗?免费午餐哪儿有?南站那么大地方,不管有人相信吗?"不禁令人深思:管理不抓效率,不善于解决软肋问题,让人有机可乘。这样的报道只要让相关主管部门"坐不住",就达到了应有的传播效果。

（三）技术融于艺术是播音主持创作价值的新增长点

融媒体环境下，播音主持创作主体只有重视、利用技术优势，施展有声语言和副语言的创造性劳动，才能增加作品、节目的可听可看性，并在此基础上，增强作品、节目的好听好看性和耐听耐看性。新华社在2017年党的十九大召开前后，运用动漫技术推出融媒体系列评论"砥砺奋进的五年"，既改变了以往的评论模式，也对有声语言创作有了新要求。其中的《一以贯之向何方》，通过一艘船迎难克艰、乘风破浪的动漫呈现，彰显了作品寓意，增强了作品的悦耳吸睛性。本来，不同创作主体对历史的不同认知、对现实的不同理解、对未来的不同想象，使得有声语言创作的表达效果就会有迥然不同的差异。面对动漫的直接呈现，如何将有声语言创作融于其中，学会理解和运用动漫技术，在创作思路、角色把握及有声语言设计、揣摩、上口方面，都需要播音主持创作主体多加揣摩，才能与受众、网民一起感受历史、体悟未来。新华社这一作品除了运用史诗般叙述的朗诵语体外，还分别用了第二人称和第三人称旁白。实践表明，融媒体新技术的涌现，不同创作主体的有声语言表达，或相得益彰，或相形见绌，差别不只是采编实力，不只是稿件的理解表达能力，还在于技术实力是否雄厚，能否将技术与艺术有机结合、相映生辉。这便是播音主持创作价值新的增长点，它要求创作主体将技术素养和艺术素养放在同等重要的位置。

二、融媒体时代播音主持创作价值的思想含量

（一）融媒体时代播音主持思想层面的创作价值

1. 体现和发挥桥梁与纽带作用

依托技术的进步可以不断拓展节目类型、增添节目内容，而广播电视网络节目肩负的不变使命是向社会不断传播正能量。播音主持创作主体的传播前沿地位，决定其传播正能量的首要职责与使命就是体现和发挥好桥梁与纽带作用。新闻播音员作为新闻工作者，以党、政府和人民的代言人身份出现，向公众报告新闻，与节

目主持人以个人面目出现在新闻、综艺等各类节目里,和受众、网民、用户近距离交流,究其根本,两者并无实质差异。传播正能量,体现和发挥好桥梁与纽带作用,最重要的是能对社会有正确的引导。这就要求播音主持创作价值必须保证有一定的思想含量。

2. 新闻敏感度和政治敏感度是思想含量的重要标志

思想含量决定于创作主体一定的意识形态,即一定的人生观、世界观、价值观。从价值判断角度出发,新闻敏感度和政治敏感度可谓思想含量的重要标志。在新闻播音主持创作活动中,创作主体对每一新闻事件所产生的立场、态度,既是创作主体思维运动的结果,也反映着创作主体一定意识形态支配下的新闻敏感度。新闻敏感度又和政治敏感度密不可分,根本点就在一切从人民利益出发。在我国,党的利益和人民的利益本质上一致。所有重大的新闻事件总是跟经济、政治、外交、军事、法律等社会生活紧密联系在一起,和党、国家、人民的利益息息相关。新闻播音员只有时刻关注变化着的国际国内形势,才能做出正确的观察判断,及时跟进报道,予以一定的思想内涵。

2018年7月19日至28日,习近平连任国家主席后首次出访,和五年前首任国家主席时一样,选择了中东和非洲。新闻播音员跟随出访。同样在机场现场报道,看上去仪式、仪态相仿,但世界形势、出访内容和意义发生很大变化。在反全球化逆流涌动,贸易霸凌主义张牙舞爪的情势下,我国的立场、态度是:坚持战略自信,保持战略定力,坚持底线思维和风险意识,坚决捍卫国家重大核心利益。作为现场报道的创作主体,对国家主席此行在推动"一带一路"建设,构建新型国际关系和构建人类命运共同体方面具体有什么样的现实意义和历史意义,应通过各种渠道有所知晓,对所访国报道的背景资料,必须及早搜集、整理。如此在话筒、镜头前的现场报道,即有声语言和副语言的创作,才可能做到神采非凡、鲜活有力。

3. 判断作品、节目思想含量的标准

当下考察、判断作品、节目播音主持创作价值思想含量的多寡和正确与否,以正能量传播为准绳,一要依据不断发展着的国内外形势,二要围绕党和国家的总目标、总任务,阶段性目标、阶段性任务,乃至最近目标和最近任务,三要对媒体所选择的报道部署和所采取的相应传播行动有正确认识，在作品、节目以什么样的形式能引导潮流、影响社会、影响世人上做出剖析、下足功夫。

融媒体环境下，手机、计算机并用，公媒体、自媒体共存，强调播音主持创作主体的正能量传播，明确播音主持创作价值所应具有的思想含量，有助于促进各级各类媒体平台和播音主持创作主体重视对外播出作品、节目的内在品质，提升善于发现和表达有思想价值内容的能力，真正发挥媒体传播真理、引领社会的作用。

（二）哲学辩证思维在播音主持创作活动中的提纲挈领地位

1. 对立统一规律在创作价值中的指导性

播音主持创作价值的思想含量，一靠创作主体思维活动的活跃，二靠指导思想的正确。对播音主持创作来说，学习好马克思主义的哲学辩证法，尤其是辩证法三大规律之一的对立统一规律，有着特别重要的指导性与纲领性意义。面对纷繁的现实生活和大量的各类素材，坚持运用马克思主义哲学辩证法理论，就能正视问题而不回避矛盾。无论有稿无稿，无论是在演播室还是在现场，遵循对立统一规律，具体问题具体分析，分清主次抓对比、抓主要矛盾的解决，正确处理好特殊与一般的关系等，对克服"千篇一律""千人一面""千人一腔"的不良表达现象，解决播音主持艺术创作一个时期来"繁而不荣"、总在形式上兜圈子的尴尬局面，都大有裨益。

融媒体环境下，新闻"六个W"报道模式正在发生改变，个别元素因客观形势或播出语境的变化有所侧重或忽略，"停连""重音""语气""节奏"等外部技巧也在为之做出努力，但抓住内容真相的发展变化才是表达的关键。面对同样的结构模式反映不一样的内容，播音主持创作主体在"转化"成有声语言和副语言时，能否做出"静中有动"外部形态的改变，可谓检验创作主体内心感受充实或苍白、创作思维活跃或停滞的试金石。优秀的新闻播音主持总是将文字语言和内部语言当成主客观事物的标志，时时关注、对应于主客观事物的发展变化，在做出辩证分析、理解后，才以一定的有声语言和副语言形态予以呈现，让受众对所报道的新闻事实总有新鲜感。

2. 辩证的思维方法带来多元的表达形式

强调作品、节目的思想含量，坚持用哲学辩证法指导播音主持创作，并不局限于新闻报道。在传媒领域，包括综艺节目在内的所有中外作品、节目，凡涉及播音主持有声语言和副语言表达，其创作价值思想含量的多寡与深浅，都能折射出创作主体不同的思维模式和创作方法。

伊索寓言《鹰和蜜蜂》，讲小蜜蜂的忙碌和鹰对小蜜蜂的体贴。鹰能骄傲和显摆的资本是轻易可飞上天空的翅膀。它爱张扬个性，要名利地位，有能力也有信心，内心境界却不如小蜜蜂来得更朴实、更坦荡。小蜜蜂一句看见蜂房就高兴，因为"其中有我采来的一滴"，既澄明了自身，又让鹰转变了态度。鹰对小蜜蜂的轻蔑、可怜与体贴之情交融在一起，是社会上某一阶层、某一类别人的世界观、人生观、价值观的映射，没有理由说它就是反面角色，只是在与小蜜蜂的言行相对照时，两者内心活动的理念依据和境界高下才彰显无疑。不同创作主体对作品角色分析理解上的差异，会带来停连、重音、语气、节奏处理的迥异，根源往往在于思维模式与看问题的方法不同。创作主体能否透过文字发现被文字表面所遮盖的意涵，是直接影响有声语言表达的关键。学会运用辩证法，就能从多个角度对作品做出分析，表达技巧的运用才可能恰如其分。否则，只是简单用非黑即白的两点论去判断角色的好坏，无论表现手法还是格调、基调的处理都会受之影响，带来大相径庭的传播效果。

（三）彰显思想个性的前提是独特的理解感受

口头作品和文字作品一样，不是对理想的揭示，就是对现实的映照。学会运用辩证法，透过现象看本质，要求播音主持创作主体敢于和善于透过文字表面，想象未来，感受现实。所谓独特的理解感受，正是指创作主体不仅要善于抓住文本、语境映射理想或现实的实质，还要在形象感受、逻辑感受等具体感受的基础上，快速形成自己的整体感受。

中央电视台《新闻联播》曾播出通讯《党旗飘扬在"电力天路"上》，一开始就描述了西藏电力孤岛的现状："90%施工线路都在海拔4500米以上，含氧量只有内地的50%，极端温差最大接近70摄氏度。"在这"世界屋脊"上架设"电力天路"——输电线路，是改变现状的突破口。可面对如此恶劣条件，谁来建设、谁来带头？通讯文本明确回答是党员。党员的感召力真有那么大吗？要解开这一悬念，就要回答架设这条"电力天路"党员怎么表现，怎么解决遇到的矛盾和问题。这既是受众、网民关注的焦点和期待，也是播音主持创作主体透过文本、揭示实质、明确立意、感同身受的基本线索。6月下着冰雹还在放线的四川籍外协工曹广贵，眼睛晒成"大熊猫"、嘴上起着泡还一直坚守青藏高原的成都汉子张洪兵，遇到技术强险20多次、每一次"扛不住了，吸口氧气接着干"的副总工程师丁燕生……播音主持创作主体只有通过想象联想、设身处地，和文本主体想到一块儿，才能感受到一个个党员的实际行动带给人们的说服力，产生独特的理解感受，在这基础上形成的整体感受："中国共产党是中国工人阶级的先锋队，是中国老百姓的骨干与'脊梁'，它靠无数党员默默无闻的无私奉献才形成一种'强势'"，就不再是空泛无力的，才可能引发受众的心灵共鸣。

三、融媒体环境下播音主持创作价值的艺术含量

（一）融媒体环境下播音主持艺术层面的创作价值

播音主持的创作依据可分为有文本和无文本两大类，通过创作主体的创造性劳动，不论有无文本，在话筒镜头前的表现殊途同归，都以有声语言和副语言形式诉诸受众、网民、用户。融媒体环境下节目、作品的创作价值，技术含量是基础，思想含量是根本，而面对受众、网民和用户进行有声语言和副语言表达的艺术含量是核心。有声语言和副语言有无"创作"成分、"创作"的艺术含量多寡，直接关系到作品、节目内涵价值的揭示，影响到播音主持创作价值能否完满实现。

1. 有文本依据和无文本依据都以有无"转化"为创作标志

播音主持以有声语言和副语言创作为艺术特色，要求创作主体以气托声、以情带声、以情感人、以理服人。以气托声、以情带声，可以克服创作主体捏着嗓子说话等毛病，通过情感的运动引发气息的流动，保持声音的圆润、通畅。"情"与"理"人之皆有，却并非人人每时每处皆能动情明理。对同一事理，虽然人人都有自己的认识，也并非人人都能认识正确、理解得体、处置有分寸。以情感人、以理

服人，目的就在将有声语言映射的现实与理想，通过创作主体的理解与感受，较为得体又较有分寸地予以表达。这里的理解感受和语言呈现正是有无"转化"的前提和内涵。创作主体的责任就在于比普通人站得高些、看得远些、理解感受更准确些，并能深入浅出地予以表达。如此才能传递并感染到接受主体，影响接受主体的理解与感受。

"浅出"的前提是"深入"，只有深入生活现实、深入事理内核，才会有独到发现，才会有深刻认识。所谓见解才可能比一般人更全面些、更准确些，也才可能产生传播的真正意义。这里的发现、认识、见解、意义，都是有声语言创作价值"含金量"的构成因素。上述技术含量、思想含量及相关的其他含量当然也包括在内。由于个人天赋和后天勤奋的差异，一个作品或节目所花费创作主体的社会平均劳动时间会有不同，但必要劳动时间的花费不能没有。舍此，谈何创作价值？比如朗读一首诗歌或散文，之前未读过，必须从头准备，要了解诗人和散文作者的家庭背景、社会历史背景、写作背景以及诗人的个人喜好和所写作品的特点，等等。之前读过的诗歌与散文，必须重拾记忆浪花，并加以补充完善。舍此，作品、节目的有声语言和副语言表达的深度从何而来？价值又从何谈起？因此，有声语言创作价值"含金量"的有无与多寡，与创作主体的学识积累、社会经验、表达实践成正比。

播音主持理解感受是基础，语言呈现是手段。这成为所谓"转化"的内涵。表达出来的未必都是理解感受的结果，理解感受到的未必都能表达出来。播音主持的艺术基本功正是能将两者完美地结合起来：表达出来的力求最大限度地理解感受到，理解感受了的力求最大限度地表达出来。表达出来的即是对理解感受的外在形态展示，如经过形象感受、逻辑感受等具体感受形成整体感受后，表露在有声语言的语气、语势上和副语言的表情、动作上等。外在形态地展示，动因并不在自身，而在于创作主体的心灵感悟。只是还需要创作主体将这种心灵感悟纯熟而自然地结合在停连、重音、语气、节奏这四大表达技巧中。这就是艺术性作为播音主持核心属性的辩证法所在，也是将艺术含量作为播音主持创作价值"含金量"核心构成的内在要求。对一般人来说这往往成了难点，对播音主持创作主体来说，也并非不用心就能完美无缺地得以表现。忽视了理解感受，忽视了表达技巧，都会偏离播音主持创作道路，都不能称之为在进行播音主持艺术创作。

2. 艺术含量的核心是独特的艺术处理

进行播音主持艺术创作必须具备三个基本要点：一是创作主体能熟稔文本结构内涵或现场情境内容；二是有创作主体独到的理解与感受；三是有创作主体有声语言创作的内心框架与形态呈现依据。看马致远《天净沙·秋思》这首小令的有声语言创作。"枯藤、老树、昏鸦，小桥、流水、人家，古道、西风、瘦马，"九个词语给了我们九个形象，每个形象都有一个意境。可这九个词语形象作为"夕阳西下，断肠人在天涯"的背景出现时，每一个词语形象就不再一个个孤零零地呈现于创作主体眼前。联系作者当年郁郁不得志的历史背景，继续追逐功名还是回家服侍老母的矛盾心情，面对小桥流水人家的静谧温馨，衬托出藤枯、树老、鸦落的寂寞悲苦，如同飒飒西风吹拂下体弱无力的瘦马，一种悲凉的气氛顿然笼罩在创作主体的心头。如果前九个词语意象不做铺垫，"夕阳西下，断肠人在天涯"的出现会显得高耸突兀，如果"夕阳西下，断肠人在天涯"不做统领，前九个词语意象的表达便显得孤独无依。这就是这篇作品在有声语言表达上出现"抑—扬—抑"态势的创作依据，它要求创作主体声断气不断，语断意相连。透过这"抑—扬—抑"的声音态势，才可以把握到创作主体话筒镜头前的心理活动变化。至于具体作品和节目中出现诸如声音形态或过于亢奋、或过于平淡等现象，则和创作依据不足，创作主体内心理解感受还不够到位相关。那属于创作艺术水平高低的范畴，这里不赘述。

(二) 从日常化、交互性、即时性的特点中抓住创作难点

1. 有文本依据的新闻表达重在有分寸地直面现实

融媒体环境下的播音主持在日常化特点基础上，又增加了交互性和即时性。由于创作主体每天要面对话筒和镜头说话，"日常化"已成为影响播音主持艺术创作的"双刃剑"。有心创作者关注国内外动向，时不我待，处处留心，如履薄冰；无心创作者，面对国内外变化，麻木不仁，得过且过，坐以待毙。特别是一些从事新闻播音的创作主体，面对有文本依据却少有创作思想，还美其名曰：不愿意做"播报机器"，完全不知新闻播音创作艺术为何物。新闻播音创作主体手中的稿件，不仅仅是记者的，也不仅仅是编辑的，而是新闻播音员和记者、编辑共同劳动的产物。

新闻播音的创作难点在于：一是表达出文本所映射的新闻现实。要求创作主体深入社会，深入生活，对记者反映的现实有较为真实、较为贴切的联想与想象；二是表达出文本的排序与主次。要求创作主体明了党和国家的路线、方针、政策，明了人民群众的工作、生活状况变化和物质、精神需求，明了本作品、本节目在党和国家总目标、总任务和分目标、分任务中的报道分寸；三是表达出文本传播的目的意涵。要求创作主体掂量每件播出作品或每个节目在社会生活中的地位和作用，既有创作主体的主观认识与理解感受，又能将这种认识与理解感受用真实而客观的立场态度、语气节奏蕴含于新闻事实的表述之中。总之，既要让受众、网民、用户听出、看出记者、编辑在文本中显现的，也要让受众、网民、用户听出、看出文本中没有明确标记而从播音创作语气、神态中能够感受到的意涵与力度。

纽约大学医学院院长和董事会主席2018年8月16日宣布：经过校方11年来的努力和一些财团的支持，纽约大学医学院对学生免除学费。不必再为高昂学费所困，这的确换来纽大学生的无比欢欣。对他们，乃至对整个医学院校来说，也的确是个重磅消息。但中国目前的政策、财力还未达到这个程度。即使今后在中国达到了，其他国家未必也能达到。因此，这条消息在美国媒体播出和在中国媒体或其他国家媒体播出，新闻视角和创作主体的立场态度不可能完全相同，语气分寸的把握也就必须做到具体情况、具体分析，才可能恰切到位。在播音创作这一环节认真揣摩，文本意涵的呈现、分寸、力度的把握就能真正落到实处，而非纸上谈兵。

2. 无文本依据的表达重在"不在场"内容的准备与积累

广播电视有了直播节目就开始有了和受众的交互性。网络媒体的兴盛，更增添了传受双方有声语言和副语言交流的即时性。传受双方交互性、即时性的最大特点是无文字依据。无文字依据的有声语言创作，更能考验和反映创作主体的创作智慧和语言表达水平。难点有三：一是要表达出可听可看未可知的内容。二是要引导记者、嘉宾说出未说欲说之语。三是在即时交流中必须把控好言语的正能量。最好的对策是进行"不在场"内容的准备与积累。

无论热线电话、现场连线还是点对点交流，可听可看可交谈，确实拉近了传受双方的距离。然而时空距离的缩短并不意味心理距离也拉近了，受众网民用户在可听可视可交谈的情境中，往往更想了解听不到看不见的内容。从广播电视网络上可以看到遭受水灾、地震的现场，如临其境，受众却关心"受灾群众怎么样了，他们将会得到怎样的安置？"2018年在印尼首都雅加达召开的亚运会，中国游泳队捷报频传，看赛场运动员的精彩一搏很过瘾，可"这些运动员平时如何刻苦？赛前赛中赛后心态如何变化？"创作主体对这些问题要有足够的思想准备，做过一些具体的调查访问或较详尽的案头工作，来到话筒镜头前就能胸有成竹。受众、网民、用户是从创作主体嘴里了解到事实真相的，哪怕你只在最后一个环节出镜出声，你也没有理由说自己是在替别人做嫁衣裳。因此，尽一切可能花费一定的时间去熟悉了解相关情况，追求最真实、最新鲜、最客观、最公正，从而也最具权威性的表达，最能体现播音主持的创作价值。

3. 激发个性化的正能量是创作价值的重点

在热线电话、现场连线、晚会直播、点对点交流中，当嘉宾、记者作为主角，创作主体既要重视事前沟通，也得讲究说话时机和表达方式，还须随时注意交流对象的谈吐习惯与个性风格，根据不同交流对象选择对策，有时顺藤摸瓜，有时见缝插针，以便引导记者或嘉宾说出未说欲说之语，满足受众、网民、用户在收听收视过程中不断升级的心理需求。

即时交流，即兴而作，难免出现跑题或其他疏漏。点对点的个性化交流，更容易将生活个性展露无遗。若是一场私人谈话倒无可厚非，播音主持创作主体的职责使命和传播意识却要求：有声语言和副语言的生活化、个性化，并不意味着可以等同于日常生活。无论新闻类、专题类节目，还是体育类、综艺娱乐类节目，都应当用中国播音学学科泰斗张颂先生总结的"自我调检律"来审视自己的创作言行，用自己的创作规范克服内容不健康、语音不规范、词语的误读、语意的不清、逻辑的混乱、情感的无节制等现象。除了创作主体不可控因素外，任何话筒镜头前的"走神儿""不过脑"，都可能酿成不该出的事故，损害播音主持的创作价值。只有把话筒镜头前的每一次表达，都当成围绕播出目的做出的全身心努力，也才可能有创作价值可言。

（三）锦上添花、拾遗补阙是检测艺术含量的标尺

有无文本依据是有声语言和副语言创作的两种创作现象，它反映了不同的创作思路和不同的创作空间，也体现出不同的创作价值。有文本依据的创作不能停留于文本本身，应透过文本去挖掘和发现文本表面没有显露的内容，才可能充实创作内涵。无文本依据的创作不能停留于现场本身，透过现场去挖掘和发现现场情境所没有呈现的内容，才可能丰富创作内涵。从这个角度出发看播音主持，"备稿"的意义是永恒的。播音主持创作主体既要重视"稿件"有形的一面，也要重视"稿件"无形的一面，不断有所发现、有所感悟。所谓创作主体的创作活力才可能在有声语言和副语言表达的一刹那间展现，也才能从容应对直播现场的各种突发情况。如此，1997年香港回归现场那种不顾原总督小车行程出现改变，而只按文稿反复同一句解说词的现象，就永不会发生；如此，文本内涵的呈现、文化传承的表露，就可能让创作主体乐此不疲，创作源泉永不枯竭。古人有言："随手写出，皆为山水传神矣"（董其昌著，杨补辑录《画禅室随笔》）。播音主持创作主体理论实践的不断结合与积淀，做到随口说出，皆有内涵神韵也不难矣。

文本依据、文本构思是有声语言和副语言创作必经的一关。无文本依据即兴表达，同样缺不了内心依据和内心构思，只是看来无文本形态而已。将文本作为创作依据，将未出现于文字的精神实体（即在一定创作背景下形成并实施创作意图的作者）用 "文本主体"来称谓，意在表明文本是作者理想与现实的生命体反映，充满了复杂艰辛的脑力劳动。播音主持创作主体在将文本传递到接受主体的过程中，要对文本、场景有理解感受。其中，有文本、场景本身呈现的，有和文本主体心灵碰撞获得的，有通过自身体验而领悟到的。在播出前后，还需考虑现时播出环境，考虑接受主体的文化知识背景和接受传播的能力等。这就有了很强的针对性和引导性。创作主体面对文本主体，想到接受主体，需要不停地调动、调节自己的知识、经验和情绪。即使文本是自己构思创作的，文本主体就是自己，也仍然不能自我满足。因为作为有声语言和副语言创作主体，同样要扪心自问：这样的主题内容、这样的遣词造句、这样的语言体式，面对如此媒体工具、如此接受主体，用什么语气、表情更合适，更能引起他们的兴趣，打动他们的心灵？

接受主体在播音主持理论中用"对象感"来指称。因为创作主体创作时并非一定看得见、摸得着接受主体，更多的时候要靠想象和联想，如同感觉到接受主体的存在。而接受主体也是用自己的文化知识积累和社会生活经验来对接、碰撞创作主体、文本主体的劳动结晶的。创作主体、文本主体、接受主体三者融为一体，产生彼此间的共鸣，可以是多层次、多方向、广泛而丰富的，而锦上添花、拾遗补阙，才最能让接受主体感受到作品、节目的内在魅力。它既是作品、节目有声语言副语言创作艺术含量的检测标尺，也是播音主持创作价值最终实现的可靠保证。

技术与人：新媒体时代的主持传播
——第二届中国主持传播论坛（2018）综述

◎ 李　晶　卜晨光[*]

2018年10月，由浙江传媒学院、中国人民大学新闻学院联合主办的"第二届中国主持传播论坛（2018）"在浙江传媒学院举行，来自全国80余家单位的200余位专家、学者、博、硕士研究生与业界领军人物齐聚一堂，围绕"技术与人：新媒体时代的主持传播"进行了充分探讨。论坛议题涉及人工智能、算法与主持传播、新媒体时代主持传播的边界与空间、新媒体时代的主持传播与社会互动、UGC与主持传播的专业化、新媒体时代主持传播的新媒体素养、新时代主持传播的主体价值等诸多方面。正如浙江传媒学院党委书记杨立平所言，中国主持传播论坛创办于2017年，虽然处于起步阶段，但是立意和起点很高，已经成为深受播音主持业界、学界瞩目的盛会，赢得很好的社会声誉。本次论坛体现了技术驱动力和传播主体核心竞争力二者的兼容并蓄，以传播影响力为思辨落脚点，学界与业界专家学者共话议题，合理推演主持传播的发展逻辑。

一、发展驱动力：技术先导赋能内容的生产变革

麦克卢汉"媒介即讯息"的观念可以说是家喻户晓，他和哈罗德·伊尼斯引领的"媒介技术学派"将技术对社会变革的影响置于"神坛"，并指出媒介神话带来的是塑造社会中心的力量。而人工智能带来的革命所引发的智能媒体对传统媒体的生存挑战甚至在某些方面产生的颠覆性作用，则让研究者不得不积极地去思考技术的魔幻对人们生产、生活、思维方式的重大影响。

（一）"技术为用"：人工智能革命促发合理的技术观

人工智能催生了媒介的多样化形态，扩大了受众选择信息的渠道，使其对这种

---

[*] 李晶，北京体育大学新闻与传播学院讲师、博士；卜晨光，北京语言大学新闻与传播学院副教授、博士。

看似中立实则隐含权力关系的技术投入了更多注意力,但应如何在主持传播中构建合理的技术规则显得更为重要。中国传媒大学曾志华教授认为,技术在赋权给人人自由表达、展示和分享的同时,在这样一种随意、随性、随便、无序的状态下会给受众带来信息接收的混乱。她在主旨演讲中强调秩序的必要性——秩序是自由的基础,是自由的保证,而形成秩序的基础则是规则。用户在享有发声权利的同时,应该在自由多元与有序规则之间找到平衡点,以构建一个真正百花齐放、百舸争流的生动而有序的传播场景。美国乔治华盛顿大学副教授尼科尔·莱瑟(Nicole Layser)的发言旨在阐述如何利用现有的海量数据,去讲述故事,以及如何有效使用这些数据,进行机器学习,发展人工智能技术。他对《纽约时报》的AI结构性应用等媒体变革进行分析,指出当前美国顶尖媒体的创新思路。中国传媒大学博士研究生王亚囡通过对人工智能、算法维度下的主持传播审视及功能分析,探讨智媒时代主持传播的价值回归。她认为在万物皆媒的背景下,主持传播主体要处理好智能机器与人的关系,在信息搜集、数据分析等方面充分发挥智能机器的作用,充分反映受众多层次的意见表达,不断拓展受众的信息接收面。在彰显人类声音温度感的同时,也有效提升了受众对信息的接受度。中国人民大学博士研究生宋扬基于需求侧与供给侧的行为转变以及二者同构合力的背景,着力阐释以"服务+内容""游戏与任务""圈层化社交"为抓手的三位一体的场景化范式,并进一步探求垂直领域知识付费发展的有效路径。

(二)"内容为体":新媒体时代信息生产的"变与不变"

新媒体时代,每个人都是一部自媒体,用户角色早已从单一的信息接收者转变为内容生产者。技术虽然赋予了传播的多样化载体,但信息(或者说是内容)的新鲜、即时、丰富、有针对性才是直接影响受关注程度的根本之所在。在技术革新的驱使下,内容生产样态应产生相应变化,但其本质应持续"保真、求真"。山东师范大学姜燕教授认为,新媒体传播对主持传播的语言会产生的影响包括:离散式话题趋向、顶层语言下移、原生口语广泛渗透以及口语审美空间拓展。同时,主持传播的语体特征也呈现出了相应变化,包括单一维度到多个维度的传播拓展、重组的复式语料库构建和弹幕下的拼接语块组织。浙江传媒学院讲师金叶引入英国后女性主义学者安吉拉·默克罗比的理论观点和研究思路，探究女性主持人如何通过自我规诫，成为消费主义和后女性主义的共谋，使"新性别政权"得以实施。她认为在消费主义、后女性主义的共谋下，女性综艺节目主持人在内容生产过程中主动进行自我规训，成为新的后女性主义气质的解码者和编码者，使新的性别政治在传播内容的输出中得以实施。中国人民大学博士研究生薛翔的研究选取目前业界较有代表性的"我们视频"和"梨视频"短视频进行考察，运用内容分析法和深度访谈法试图回答用户对于短视频直播中主持人的出现与否的感受，以及主持人的主体价值如何在短视频直播场景中实现的两个问题。他认为正是由于技术的推动，人的身体"在场"似乎变得不再重要。因而，作为新媒体时代的主持人，需要进一步完善自我坚守，强化主持人的内容生产，推动主持人的人格进化。

（三）"用户为先"：技术革新与内容生产的出发点和落脚点

技术推进了内容生产的转型，但归根结底用户体验是一个永远绕不开的话题。技术改变了产业结构、赋能产业链条强劲的发展动力，而内容多样化展现选择的多元化，这一切都是以用户为核心的逻辑体现。所以，"技术为用"与"用户为体"并举的出发点和落脚点应以"用户为先"。山西大同大学讲师郭雁云认为，作为媒介新闻生产链条中的重要环节——节目主持人在转型与发展中，如何突破相对僵化的传统模式，培养新媒体创新思维就显得尤为重要。"受众时代"向"用户时代"的过渡进行时也是新媒体时代的显著特征。受众对应的是传播，用户对应的是服务，把受众转变为媒介的服务对象，尽可能地为受众提供更好的用户体验，即是主持传播的"用户思维"。在此思维方式的导引下，主持人应顺应趋势，在传播过程中凸显与受众的分享与合作——主持人更加努力地思考如何把信息有效地投射至受众的语境里，进而提示受众在内容和信息获取中的"正确打开方式"，这在一定程度上也打破了主持人在传统传播实践中依赖有限的信源和观点去建构与研判结论的刻板传播模式，使传授双方互利共赢。中华女子学院讲师周子云从主持人与受众之间的传播关系切入，深刻地理解主持人节目所创造的公共交流空间：主持人与受众之间的传播关系具有基于二者身份的主体间性、基于拟态交谈的对话属性、媒介建构的象征特质以及传播理想的诗意特质。西藏民族大学讲师王彪则认为，以互联网应用普及为标志的新媒体时代的到来,改变了信息采集、信息加工、信息组合、信息渠道和信息接收等一系列传播元素,大众在信息行为中的媒体意识、使用习惯等诸多要素也相应改变。互联网时代的技术解放,又恰恰推动了仪式传播的相关性和观感性。他进一步举例说明,网络节目主持人在传播进程中与节目无处不在的网络节目受众重构了传授关系,共同形成了基于用户体验的仪式参与者和内容传播者。四川电影电视学院一级播音员刘子瑞探讨了把关人理论下用户内容生产与主持传播专业化的关系及其发展策略,并探究如何让受众既能享受到 UGC 内容带来的愉悦观感,又能感受到信息经专业处理过后的简明、真实和有效。他认为一个专业主持传播者应负有让公众了解事件真相的责任,应维护舆论的清晰和正确走向,使"传—受"双方的信息对称,合理培育公众理性思考的意识和能力亦是新媒体时代主持传播者的使命和担当。

二、核心竞争力:人格化传播深度强化主体价值

英国哲学家伯特兰·罗素在60多年前,对技术的进步是否会压制人性发展做了详细的阐述,所以他要找到一种技术与人多样性发展的平衡。他所说的主观能动性可以认为是主持传播领域的主体价值。当前新媒体技术的风起云涌,人工智能的不可阻挡,如何找到技术与人的主体性之间的平衡,有效发展人格化传播,以及如何培养和增强新媒体素养,已经成为一个亟待解决的议题。

(一)主体价值的坚守

主持传播的主体是人,因为播音员、主持人保证了整个传播过程的顺利运行。在新媒体时代,技术的突飞猛进对传统主持传播形成了很大挑战。在挑战中把握机遇,虽然要顺势而为,但要坚守不应丢失的主体价值至关重要。中国传媒大学马玉坤教授的主旨演讲构成了中国播音学学科的一个完整框架:历史、理论支撑和未来方向。他分析了中国播音学学科发展的三次历史性跨越,指出播音主持要想作为独立学科存在必须具有三个方面的研究支撑:第一,实践研究或者是应用研究;第二,基础理论研究;第三,史学研究。同时提及通过梳理、拓展、开阔、规范中国

播音学科的发展为今后的研究助力。通过这样的研究其实是为坚守主持传播主体价值勾勒了清晰的轮廓。浙江传媒学院金重建教授认为,现代电子技术飞速发展,某种意义上改变了播音主持的创作生态。技术含量成为播音主持创作价值的重要元素,但思想含量在创作活动中仍起着提纲挈领的作用。同时,失去艺术含量这个创作核心,将失去传播的感染力。只有创作主体、文本主体、接受主体融为一体,产生彼此间的共鸣,受众才能真正从有声语言和副语言创作中感受到作品、节目的魅力所在,进而播音主持主体的创作价值才得以最终实现。中国传媒大学王宇红副教授回顾了人类历史上的三次技术革命,即18世纪中叶的能源技术革命、20世纪中叶的材料技术革命以及正在蓬勃发展的信息技术革命,指出未来传播模式必将通过信息技术革命的手段突变成为"人工智能+媒体"的基本运作范式。她指出以传播为介质配置社会资源、商业资源以及一切社会生活,媒介将成为万物互联的桥梁。因此,面对人工智能的挑战,传播者只有充分地发挥自己的主体价值,才能够通过媒介赋能产生更大的影响力。中国传媒大学仲梓源副教授从融媒体时代中国有声语言传播的文化价值出发,试图通过对融媒体时代有声语言传播的现状、动向分析,探讨有声语言传播在传承民族优秀文化、抵制低俗提升品格、增强民族凝聚力、创建国家文化形象、提升国家软实力和影响力进程中的积极意义和文化价值。由此他得出深入研究中国有声语言传播的文化价值,解决好理论与实践的一系列问题,必将促进我国有声语言传播经典创作,为推动民族文化走向世界、提升我国文化软实力和国际影响力奠定基础的重要结论。中原工学院宋立讲师认为,随着主持传播格局的演变,主持人的角色和称谓都在悄然发生变化,主持人节目形态也不断推陈出新,但无论主持传播样态如何演进发展,在由人格化的有声语言传者直接通过有声语言(含副语言)表达创作的过程中,主持人始终是传播的主体,与受众发生某种"面对面"的传播关系,居于价值传导链条中的核心地位。即使在新媒体蓬勃发展的今天,主持人的思想价值也依然是其核心价值的体现。广西民族大学讲师徐华认为融媒体时代电视节目主持人作为大众传播过程中的主体,具有很强的话语权和权威性。在有声语言和副语言的创造向文字和内部语言转化的过程中,电视节目主持人需要发挥主观能动性,将传播主体的立场、态度通过其创作活动规范而艺术地表达出来,增强传播的感染力,提高传播质量。

(二) 新媒体素养的深化

随着新媒体时代主持传播主体意识的变化，新媒体素养成为主持人播音员不可忽视的重要因素。随着传播主体的多元化，传播内容的多样化，以及议程设置权的下放，对新媒体素养的谈论必将呈现深化的趋势。北京外国语大学魏伟教授通过媒介现象学研究方法，考察时间的瞬时存在感与空间的联合在场问题，以构建新媒体时代体育主持人直播性和在场性的重要地位。他认为直播性是体育主持人的核心媒介素养；在场性是体育主持人的重要媒介素养；系统性是选拔体育主持人的必要条件；定制赛事是未来体育主持人选拔的备选模式。只有满足这些条件，才能达到更多高级别赛事转播的要求。中国传媒大学徐树华教授与其硕士研究生王天一合作发声，尝试从视听节目主持人的存在价值、AI在视听节目主持领域的开发空间、AI时代主持人的生存发展等方面进行初步的分析和探讨，旨在为AI时代视听节目主持人的基本职业发展思路提供参考。他们认为，利用人工智能丰富和发展自我、积极融入基于人工智能的新型传播场景、增强与虚拟主持人合作的能力成为AI时代主持人把握技术变革的机会。中央戏剧学院董冰玉副教授从当下电竞体育解说的市场供给需求角度出发，以产业发展的视域，观照播音主持在体育产业中的角色定位，有前瞻性，可操作性强。她指出了不同类型的电竞解说能力培训的重点方向和电竞解说培训的职业规范。同时作为文化体育项目，电子竞技具有让全世界年轻人互相交流的天然优势，如果能对其大力扶持、谨慎管理，电子竞技解说行业终将得到长足的进步，成为真正带动跨文化、跨地域人文交流的优质资源。黑龙江大学副教授荀瑶把媒介形象与新媒体素养连接起来，从社会文化性别的视角，结合巴勒特的表演性操演理论，分析体育节目女性主持人的媒介形象特点以及身份塑造的逻辑。他认为，女性主持人的身份与表演有着深层次的社会性别逻辑支配。如果其媒介形象持续地被倒退的性别观念和消费主义左右，将会严重削弱体育类节目的传播效果和体育事业本身的积极价值。

(三) 核心竞争力的巩固

新媒体时代的主持传播，只有坚守主体价值和深化新媒体素养，才能避免被技术带来的冲击剥夺扎根的灵魂，才能与技术结合来构建一个新的传播环境，才能完善人格化传播，才能有效提升新媒体时代的核心竞争力。浙江传媒学院杜晓红教授认为，播音主持传播行业在媒体深入融合的背景下要重视四重发展态势，以提高核心竞争力：第一，传统媒体通过技术创新搭建统一技术平台，实现不同渠道和平台间深入融合；第二，融合背景下新型传播要适应互联网传播的新理念，构建适应融合发展的新的播音主持范式；第三，媒体融合发展是一场改革，要打破旧的播音主持传播模式，重组创新，融合新的播音主持传播样态；第四，媒体经营管理向纵深发展，播音主持传播随着经营思路的变化寻找新的定位和坐标。中国人民大学高贵武教授强调，身处新媒体时期的主持传播不应排斥技术的发展，而应借助技术发展的大势完善人格化传播，这是巩固核心竞争力的要义。他认为，网络时代的人格化传播要更进一步。利用网络可以实现面对面人与人交流的情景，从这个路径可以看出来技术的发展直接促进了主持传播的发展。山东师范大学孙良博士认为，媒介融合改变了传播生态，职业传播者不再享有信息采集、生产、发布的特权，他们从信息的采集者、组织者、发布者转变为甄别者、处理者与解释者。由此，传播者的媒介素养问题也浮出水面。媒介融合对主持人媒介素养的要求是全方位的，其中的核心要素是主持人主体传播意识应及时升级为产品意识与用户意识。浙江传媒学院讲师詹晨林认为在媒体融合时代，主持人自觉意识可从生命自觉、职业自觉、文化自觉三个层面进行释意与建构，以重塑主持人传播的主体意识。在行业变局的大时代，主管部门和媒体机构必须承担不可回避的责任，切实革新管理机制，培育主持人自觉意识生长的土壤。

三、融合传播力：空间转向与边界消弭深化社会效应

任何因媒介技术创新推动的变革，任何传播主体因理性"扬弃"的过程而实现发展，终归离不开传播力。四川师范大学杨小锋教授认为传播力是传播能力与传播效力的总和，可分解为技术传播力、内容传播力和品牌传播力。能力是主体释放的主观能动作用，而效力是技术发展中经过检验的影响程度。新媒体时代，主持传播空间与边界的变革与重构势必导致传播主体能力的相应变化，同时技术的创新

也势必带动传播效果的重新考量。总之，本次论坛的落脚点应在对影响传播力各个因素的重新考察，以保证学科发展的动态性。

（一）传播技术深掘推动创新的活力

人工智能引领的革命，对于主持传播领域而言，空间转向与边界变化，能体现出推动创新的速度，扩大产业发展的规模，同时影响人才培养模式。深圳大学教授王婷从"话语"的角度看待融媒体语境下主持传播的边界和空间，一方面，媒介边界在融媒体语境中的模糊隐形甚至消融，使主持传播凸显了跨边界特性，主持传播的价值和影响力正从单纯的人际交互空间逐渐扩展到了新的语域建构空间。另一方面，融媒体语境下多维动态的话语关系和交流情境，促使主持传播不断从外显的媒介符号空间向传授双方共通的情感及文化意义空间深化，强化了主持传播在融媒体"话语场"中的控场角色，也越发彰显出主持传播的文化价值、话语责任和社会担当。浙江传媒学院讲师李斌论述了融媒体时代主持人应坚守的空间和需创新的空间。他认为坚守的空间有四个方面：审美"阳光"、专业"务实"、风格"多样"、责任"担当"。同时节目主持人在融媒体时代需要立足于多重语境的创新、节目主持人策划的创新、文化传播的挖掘与创新等方面做到空间创新。华中科技大学博士研究生李强着重分析媒介技术与节目主持的结构性关系，思考节目主持空间发生的存在性转变。他认为，节目主持在物理空间转向为信息传播的节目主持叙事，在想象空间转向为想象性的节目主持社会关系，进而重构开放性的节目主持"第三空间"。

智媒时代带来的不仅是传播主体空间和边界的变化，对人才培养同样产生了很大影响。原北京人民广播电台播音主持管理部主任、播音指导张树荣在主旨演讲中提到播音主持招聘体系的分开管理，因此在人才培养模式上不能把播音和主持混为一谈。他进而指出，播音员和主持人的培养应该分为两个专业和两个标准：在教学上，大一、大二仍然用播音学进行教学，大三将播音和主持分为两个方向。上海东方卫视主持人于飞认为，对于学生的培养应注重两点：第一，善于表达；第二，观察、总结、学习、好奇心、自控力、能坚持。阿基米德（上海）传媒有限公司CEO王海滨认为，中国传媒大学、浙江传媒学院等院校应该是舆论领袖和流量担当的培养课堂。当前要站在新媒体高度，重新考量如何培养合格的流量担当是很重要的任务。福建师范大学讲师彭飚认为，媒介技术还在以惊人的速度发展，多种力量汇聚博弈，万众皆媒已成定局，专业与业余混杂，真相与谣言搏战。主持传播作为重要的传播形式，不仅需要有与时俱进的变革勇气，更需要专业化重塑专业标杆。哈尔滨师范大学肖潇副教授从融媒体时代主持人的角色定位、发展现状，对主持人未来的发展瓶颈进行分析，探索出融媒体时代下播音与主持艺术的嬗变与重建之路。她认为，在媒介融合背景下，我国高校播音与主持专业的培养目标应体现在三个方面：一是重"语"更重"文"，强调多学科的交融；二是培养"一专多能"的复合型人才；三是强化道德观，拓宽就业面。

（二）传播内容赋予提升交互的动力

新媒体时代，传统理论受到挑战，其创新也面临机遇。利用新技术提升传播力的重要层面之一就是加快传播内容的转型与重构，跟上发展大势，唯其如此方能立足不败之地。美国新泽西州立大学约翰·帕弗里克（John Pavlik）教授在主旨演讲中指出，用人工智能在公共空间打造一个用户与内容之间的沉浸式交互。让用户会使用新技术，包括可穿戴的设备，使他们在体验中或者场景中有沉浸的感觉。深圳大学张庆副研究员认为，主持人话语是播音主持艺术语言传播的主体和根本，是播音主持艺术学科的基础性研究。同时主持人话语形象的微观观照又是播音主持艺术学科的现实性研究课题。新媒体时代，主持人话语置身于全球化的信息传播语境中，必然要与文化身份议题相关。主持人文化身份的建构与体现共享意义的文化表征，正在不断影响着主持人话语形象的解构与重构。暨南大学副教授林小榆探讨粤语主持传播如何充分发挥社会互动的功能和优势。通过粤语这一独特的文化符号与主持传播主体的影响力，与海外华人华侨搭建起互动的桥梁，唤醒他们的文化记忆，筑起身份认同，从而为粤港澳大湾区的建设助力。陕西师范大学讲师吴胜认为，进入新世纪，新媒体依托互联网平台逐步走入普通受众视野的同时，从平台、内容、受众面、传播效果等诸多方面，为主持传播力的提升带来了新的机遇。因此主持人必须具备产品意识，一方面是指主持人要掌握将信息内容转化为文字、音频、视频等全媒体形式的手段，以适应内容生产中多介质融合的态势；另一方面是说主持人自身要成为适应多媒体平台的信息产品,要熟悉各种平台、各种节目的传播样态与游戏规则,在激烈的市场竞争中拓展生存空间。中华女子学院讲师吴倩提及女性新闻生产,关注融入先进性别意识的以女性为主体的新闻内容生产,这类新闻生产体现了对女性话语系统的构建意识,从而对于主持人传播力的提升大有裨益。澳门科技大学博士研究生刘扬从媒介的物质性与播音主持艺术的关系切入,认为物质性层面的引入与发展,使播音主持专业与行业都发生了巨大的变革,主要体现在由于媒介物质性的改变而带来的从创作实践的改变一直到传播方式以及受众研究的改变。他通过对媒介物质性的流变与播出形式的关系,与播音创作风格的关系,与播音员、主持人副语言的关系,与受众研究的关系的探究,试图为未来播音与主持艺术专业与行业的发展如何与媒介相匹配、融合找寻一种出路,总结一些经验。

（三）打造品牌强化关照现实的效力

新媒体时代,更需要强化品牌意识。打造品牌节目以提升影响效力成为新媒体时代主持传播研究与社会密切互动的必要路径。江苏师范大学讲师顾熠男从多元参与城市治理入手,梳理了民生新闻、广播电视问政等节目形态的主持人角色;并以秦畅和《市民与社会》为例,分析了其搭建多元对话平台、整合传播对话成果和培育公民意识和议事能力等功能。他认为,广播电视主持人可以从各个社区入手,利用自身影响力、公信力和媒介素养、传播能力,组织社区内部的多元利益主体参与社区治理,合理安排议事规则,推动议事进程。这不仅容易绕开大众传媒的宣传口径限制,也能取得更实际、更丰硕的讨论成果。中原工学院讲师时燕子认为,品牌是一个商业术语,能够带来价值。在多元媒介市场化竞争近乎白热化的今天,我们不仅要把主持人作为人才来培养,更要将其当作"商品"来建构其品牌内涵,打造品牌形象,提升品牌价值,这是媒体占领用户市场的关键。所以她运用品牌的理念提出广播媒体要争夺并维系核心用户群,打造用户需求的产品,构筑品牌发展战略并占领用户市场,同时需要把握一个关键,那就是作为广播媒体信息传播核心资源的节目主持人品牌化运营。环球资讯广播《第一资讯》新闻主播和专题节目《资讯非常道》主持人杨敏也对广播的发展做了探讨。她认为新媒体时代,广播节目主持人不再是广播节目生产链条上的一个环节,其更需要具有从创作到经营全链条的能力,并以此实现主持人的个人特征⟹广播节目的出彩⟹主持人被听众和市场认可⟹节目受到市场认可和追捧⟹更多衍生节目和产品的创立和发展,这样一整套的生产链条。广播节目不仅是一项文化产品,也具有了文化商品的特点,因此在一定程度上需要按照商品的特征和客观规律发展、经营和管理,这对于广播节目主持人也提出了更高的要求。

　　本次论坛还开设了研究生专场,来自中国传媒大学、浙江传媒学院、山东师范大学、四川外国语大学、陕西师范大学、重庆大学、华中师范大学、赣南师范大学、华东师范大学、南昌大学、华南师范大学、云南艺术学院等高校的硕士研究生们共聚一堂,对新媒体时代的主持传播变革进行了热烈的讨论。山东师范大学硕士研究生杨柳以知识类自媒体脱口秀节目的叙事话语作为研究对象,从叙事者、叙事框架、叙事单位三个维度出发,研究了自媒体脱口秀叙事者话语的构建形态和审美实践这一核心问题,立足于话语的"讲述、指义和表征",即"怎么讲好故事"这个问题,希望对学界和业界带来深入思考,并对其他相关口语传播行业带来借鉴价值。陕西师范大学硕士研究生徐阳以人工智能播音主持、大数据节目主持等全新播音主持实践的典型案例和相关研究为主,分析大数据赋能和人工智能发力对于主持传播的意义,从而对新时代主持传播的演进变化和不足进行再思考,以期为主持传播者提升能力和创造更大价值提供借鉴。华中师范大学硕士研究生鲁颖从融媒体时代的环境背景出发,探析融媒体时代主持人的生存现状与问题,进而提出理念更新之道、素养提升之道、手段创新之道、角色定位之道、导向引领之道五个应对之道。四川外国语大学硕士研究生万鹏采用文献研究法与文化研究的方法,结合布尔迪厄的场域理论,从网络直播平台场域的媒介规则、网络直播平台的资本转化与博弈、网络直播平台的惯习三方面展开分析,对新媒体时代网络平台的主持传播活动进行解读。

　　"技术与人"是本届主持传播论坛的核心命题,是智媒时代下不可回避的重要问题。技术是推动社会变革的强大力量,而人是使用这种力量的主体,两者的互构与平衡才是我们今天讨论新媒体时代主持传播的最终目标。与会嘉宾、学者和硕博士研究生以主持传播的新变化为基础,借助新闻传播学、心理学、社会学、符号学、语言学等领域的理论进行深入阐释，凸显了学科跨界、借他山之石以观照自我的特点。新媒体时代，我们不仅不能成为技术的奴隶，还要坚守人的主体价值，完善人格化传播。以中国人民大学新闻学院博士生导师高贵武教授的主旨演讲中的话作为结尾：对主持传播而言，技术发展是催化剂，是试金石，又是照妖镜。在主持传播从真人秀到机器人秀的发展历程当中，技术始终扮演着重要的角色。它不仅作为主持传播人格化的基础和保障而存在，而且通过不断检验和淘汰的发展，促使主持传播的人格向着更人性更完善的方向进化。

图书在版编目(CIP)数据

中国主持传播研究:技术与人 / 高贵武,杜晓红主编.--北京:中国传媒大学出版社,2019.11
(传媒集刊)
ISBN 978-7-5657-2628-6

Ⅰ.①中… Ⅱ.①高… ②杜… Ⅲ.①主持人—语言艺术—研究—中国 ②传播学—研究—中国 Ⅳ.①G222.2 ②G206

中国版本图书馆 CIP 数据核字（2019）第 236854 号

中国主持传播研究:技术与人
ZHONGGUO ZHUCHI CHUANBO YANJIU:JISHU YU REN

主　　编	高贵武　杜晓红
执行主编	卜晨光　王宇红　薛　翔
责任编辑	黄松毅　欧丽娜
特约编辑	张　静
封面设计	泰博瑞国际文化传媒
责任印制	阳金洲
出版发行	中国传媒大学出版社
社　　址	北京市朝阳区定福庄东街1号　邮编:100024
电　　话	86-10-65450528　65450532　传真:65779405
网　　址	http://cucp.cuc.edu.cn
经　　销	全国新华书店
印　　刷	北京玺诚印务有限公司
开　　本	787mm×1092mm　1/16
印　　张	9.25
字　　数	141 千字
版　　次	2019 年 11 月第 1 版
印　　次	2019 年 11 月第 1 次印刷
书　　号	ISBN 978-7-5657-2628-6/G・2628　　定　价　48.00元

版权所有　　翻印必究　　印装错误　　负责调换